Rainer Sachse

Selbstverliebt – aber richtig

Paradoxe Ratschläge für das Leben mit Narzißten

Inhalt

1 Wie werde ich Narzißt?

Ein satirischer Ratgeber

Dieses Buch möchte Ihnen eine Hilfe sein, sich selbst und auch einige Ihrer Mitmenschen besser zu verstehen. Es vermittelt Informationen über die Gründe von Verhalten, von Gefühlen, von bestimmten Interpretationen und der Gestaltung von Beziehungen. »Klingt anstrengend!«, mögen Sie denken – und liegen falsch. Sie erhalten nämlich nicht nur Informationen über einen weitverbreiteten Persönlichkeitsstil, den sogenannten »narzißtischen Stil«. Dieser Ratgeber ist zugleich eine Anleitung, wie Sie sich diesen Stil erfolgreich aneignen können. Selbstverständlich können Sie dieser Anleitung folgen und versuchen, ein perfekter Narzißt zu werden. Sie können beim Lesen aber auch stutzen und bemerken, daß Sie in einigen der Beschreibungen sich selbst und/oder Personen aus Ihrem persönlichen Umfeld wiedererkennen. In diesem Fall können Sie nachdenklich werden; Sie können beginnen, Ihr Verhalten oder das anderer ein wenig genauer zu reflektieren. Oder Sie können lernen, mit einer anderen Person besser umzugehen, weil Sie diese Person nun einfach besser verstehen. Deshalb hat dieses Buch ein durchaus ernsthaftes Anliegen, und die Informationen, die es vermittelt, sind alle auf dem neuesten wissenschaftlichen Stand. Die Ratschläge dagegen sind weniger ernst gemeint. Ich hoffe, daß sie aber gerade deswegen unterhaltsam sind.

Ein Narzißt macht keine halben Sachen

Jeder von uns hat einen bestimmten Persönlichkeitsstil entwickelt, und es gibt sehr unterschiedliche Stile. Ein Persönlichkeitsstil zeichnet sich aus durch eine bestimmte Art, die Welt zu sehen, zu handeln, zu fühlen, zu denken und Beziehungen zu gestalten. Typisch für den narzißtischen Stil sind Willensstärke, hohe Leistungsorientierung, aber auch leichte Kränkbarkeit, Empfindlichkeit gegenüber Mißerfolgen und Streben nach Dominanz. Narzißten sind oft relativ erfolgreich, bezahlen für ihren Erfolg aber auch einen Preis: Sie haben wenig Zeit für sich selbst und andere, stehen ständig unter Strom und belasten dadurch ihre Gesundheit.

Um Mißverständnissen gleich zu Beginn vorzubeugen, ein Wort zum Verständnis des Begriffs: Narzißten sind *nicht* identisch mit dem, was der Begriff »Narziß« bezeichnet: eine eitle, selbstverliebte Person, die ständig vor dem Spiegel steht und ihre Schönheit bewundert. Zwar ist auch ein Narzißt stark auf sich selbst bezogen, er ist aber nicht unbedingt »selbstverliebt«.

Wie bei jedem Persönlichkeitsstil ist auch beim narzißtischen Stil die Ausprägung entscheidend. Ein schwach bis mäßig ausgeprägter narzißtischer Stil wirkt sich oft vorteilhaft für die Person aus; extrem starke Ausprägungen sind dagegen mit vielen Nachteilen[1] verbunden – Kosten für Beziehungen, für Gesundheit und andere Lebensbereiche. Ein bestimmter Stil ist also keineswegs per se ungünstig (wenn dem so wäre, wäre die ganze Menschheit hochgradig pathologisch!); problematisch wird es erst dann, wenn er rigide und unflexibel ist und sich nicht mehr an Situationen anpassen läßt. Dieses Buch beschreibt alle Spielarten des

[1] Im folgenden nenne ich die auftretenden Nachteile der Einfachheit halber »Kosten«.

narzißtischen Stils, aber ich gehe von der Annahme aus, daß Sie – wenn schon, denn schon – eine starke Ausprägung erwerben wollen:

Ein richtiger Narzißt macht keine halben Sachen!

Ein Narzißt zu sein hat sehr viele Vorteile: Man ist erfolgreich, erntet Lob und Anerkennung, sammelt Statussymbole, verdient eine Menge Geld, macht Karriere, wird zu wichtigen Partys eingeladen, spielt Golf mit dem Oberbürgermeister. Als Narzißt verfügt man über Macht und Status, kontrolliert seine Umwelt, spannt andere für die eigenen Ziele ein und übernimmt selbst die repräsentativen Jobs. Kurzum: Man führt ein angenehmes und spannendes Leben! Lassen Sie sich dabei nicht durch die leicht negative Konnotation des Begriffes »Narzißt« abschrecken: Viele verbinden diesen Begriff mit Bedeutungen wie »selbstsüchtig«, »egoistisch«, »ausbeuterisch«, »manipulativ«, »großspurig« und anderen Attributen. Das alles ist purer Neid! Man mißgönnt dem Narzißten seinen Erfolg und dichtet ihm alle möglichen negativen Eigenschaften an! Lassen Sie sich dadurch nicht beirren! Ein Narzißt zu sein macht Spaß, und wer das Gegenteil behauptet, lügt!

Es stimmt zwar, daß manche Leute einen narzißtischen Persönlichkeitsstil für schädlich, ja sogar für pathologisch halten. Glauben Sie das nicht! Und glauben Sie auch keinem Psychoanalytiker, der Ihnen einreden will, Sie seien als Narzißt tief oder früh gestört! Natürlich kann man – wie mit allem – auch mit dem Narzißmus übertreiben, und dann kann in der Tat Schluß mit Lustig sein. In einer moderaten Ausprägung aber ist ein narzißtischer Persönlichkeitsstil sehr unterhaltsam: sowohl für Sie selbst als auch für andere. Es geht meist ziemlich dynamisch zu, und es kommt nie Langeweile auf.

Wenn man einen ausgeprägten Persönlichkeitsstil hat, trifft man natürlich auf unterschiedliche Reaktionen seiner Mitmenschen. Manche sind fasziniert und finden es toll, andere reagieren negativ, fühlen sich gestört oder genervt. Machen Sie sich klar, daß *jeder*, der über ausgeprägte Persönlichkeitseigenschaften verfügt, seine Umwelt polarisiert: Mit diesem Effekt muß man leben. Machen Sie sich klar, daß man nur dann nicht polarisiert, wenn man gar keine Persönlichkeitseigenschaften hat: wenn man sich, wie ein Chamäleon, immer der Farbe des Hintergrundes anpaßt. Aber dann ist man auch maximal langweilig und nichtssagend! Lassen Sie sich also nicht dadurch irritieren, daß Sie mit Ihrem Persönlichkeitsstil ein paar Leute abschrecken oder verärgern: Das läßt sich gar nicht vermeiden. Und außerdem: Warum legen die anderen sich nicht auch einen spannenden Persönlichkeitsstil zu?

Wie immer im Leben, ist auch hier Erfolg an harte Arbeit gekoppelt: Um ein erfolgreicher Narzißt zu werden, müssen Sie sich einem intensiven Training unterziehen. Vielleicht bringen Sie ja schon gute Voraussetzungen mit, dann wird es für Sie ein Leichtes sein, den Ratschlägen auf den nächsten Seiten zu folgen. Wenn Ihre Eingangsvoraussetzungen weniger günstig sind, müssen Sie sich leider etwas mehr anstrengen. Aber nur Mut: Mit ein wenig gutem Willen werden Sie es schon schaffen!

2 Elementare psychologische Prinzipien:

Was man beachten muß, um ein Narzißt zu werden

Dieses Kapitel stellt eine Reihe wichtiger psychologischer Prinzipien vor und enthält Vorschläge, eine ganz bestimmte Haltung der Realität gegenüber einzunehmen. Das ist von grundlegender Bedeutung, denn daraus leitet sich Ihr weiteres Handeln, ja sogar Ihr Fühlen ab. Wenn Sie diese Vorschläge beherzigen, können Sie Ihre Beziehungen in einer ganz bestimmten Weise gestalten, ein Territorium in Beschlag nehmen, das nur Ihnen gehört, Ihre Mitmenschen manipulieren und vieles mehr. Die im folgenden behandelten Prinzipien sind sehr wichtig: Wenn sie Ihnen nicht in Fleisch und Blut übergehen, wird nie ein richtiger Narzißt aus Ihnen werden. Hier gilt es also besonderen Einsatz zu zeigen. Sie schaffen das!

Das doppelte Selbstschema

Jeder Mensch verfügt über Annahmen und Überzeugungen über sich selbst: Der eine hält sich für attraktiv und unwiderstehlich, der andere für abstoßend und langweilig. Der eine hält sich für hochintelligent und erfolgreich, der andere für dumm und einfallslos. Diese Überzeugungen bezüglich der eigenen Person werden *Selbstschemata* genannt: In ihnen sind die Überzeugungen zusammengefaßt, die wir von uns selbst haben.

Für das eigene Handeln ist es von grundlegender Bedeutung, was für ein Selbstschema man hat. Hat man ein *positives Selbstschema,* ist man optimistisch, traut sich einiges zu, nimmt Herausforderungen an, glaubt an den eigenen Erfolg und verhält sich auch so. Hat man ein *negatives Selbstschema,* traut man sich wenig zu; man übernimmt keine schwierigen Aufgaben, weil man glaubt, daß man daran scheitern wird. Eben weil man ängstlich und unsicher ist, kann es dann auch sein, daß man tatsächlich scheitert. Dadurch erzeugt man eine sogenannte sich selbst erfüllende Prophezeiung! Man glaubt z. B., daß man sich blamiert, wenn man einen Vortrag hält, also lehnt man ein entsprechendes Angebot ab. Dadurch entsteht aber das

Gerücht, daß man ein Angsthase und Drückeberger sei, und schon *hat* man sich blamiert. Bitte glauben Sie nicht, daß sich selbst erfüllende Prophezeiungen die Ausnahme sind. Im Gegenteil, jeder macht davon Gebrauch, allerdings einige Personen mehr als andere.

Diese Selbsteinschätzung muß übrigens keineswegs der Realität entsprechen: Man kann sich für intelligenter halten, als man tatsächlich ist, oder aber man kann viel kompetenter sein, als man von sich glaubt.

Die meisten Menschen weisen nur ein Selbstschema auf, und das ist meist gemischt: Es enthält überwiegend positive Annahmen über die eigene Person, jedoch auch einige negative Überzeugungen.

Personen mit einem narzißtischen Persönlichkeitsstil funktionieren anders: Sie weisen zwei Selbstschemata auf:

➔ ein *negatives Selbstschema*, das meist früh in der Biographie gebildet wurde und das negative Annahmen über die eigene Person enthält, z. B.:
  - ich bin nicht o.k.;
  - ich bin nicht liebenswert;

- ich bin ein Versager;
- ich schaffe nichts;
- ich bin nicht so, wie ich sein sollte;
- ich erfülle wichtige Erwartungen nicht;
- man kann nicht stolz auf mich sein;
- ich blamiere mich mit allem, was ich tue;

➔ *ein positives Selbstschema*, das meist aus späteren Phasen der Biographie stammt und das positive Annahmen über die eigene Person enthält, z. B.
- ich habe Fähigkeiten;
- ich kann etwas;
- ich werde respektiert;
- ich werde anerkannt;
- ich bin liebenswert;
- ich erreiche das, was ich will.

Die Annahmen, die diese beiden Selbstschemata beinhalten, sind eigentlich unvereinbar: Sie widersprechen sich eklatant. Man kann aber dennoch als ein und dieselbe Person von ihnen überzeugt sein, weil sie meist nicht gleichzeitig ins Bewußtsein treten. Vielmehr »hemmen« sie sich gegenseitig: Ist das negative Selbstschema aktiv, werden einem die entsprechenden

Inhalte bewußt, und diese bestimmen den jeweiligen Zustand des Bewußtseins (state of mind). Gleichzeitig ist dann das positive Selbstschema deaktiviert, es »schläft« gewissermaßen: Seine Inhalte können einem nicht bewußt werden und haben keinen Einfluß auf den jeweiligen Bewußtseinszustand. Ist dagegen das positive Selbstschema aktiv, bestimmt dieses das Bewußtsein, und das negative Selbstschema schläft. Auf diese Weise hat man nur sehr selten beide Schemata gleichzeitig präsent. Daher kann man völlig widersprüchliche Überzeugungen von sich selbst haben, ohne daß sie sich »beißen«. Man schafft das, was George Orwell in seinem Buch *1984* das »Zwiedenken« nennt: Man kann zwei Inhalte glauben und verteidigen, die sich eigentlich völlig ausschließen; man bemerkt diesen Widerspruch aber gar nicht.

Das jeweils aktive Selbstschema bestimmt also, wie man sich fühlt und was man denkt. Ist das positive Selbstschema aktiv, fühlt man sich gut, man schätzt sich selbst als kompetent ein, als jemand, der etwas leisten und erreichen kann; als jemand, der attraktiv und liebenswert ist und der von anderen gemocht, akzeptiert und respektiert wird. In diesem Zustand fühlt man sich wohl, ausgeglichen und zufrieden. Man stellt sich

Aufgaben und erwartet, daß man sie lösen kann, d.h., man ist *erfolgszuversichtlich.* Man freut sich über Erfolge und denkt darüber nach, was man noch alles tun und erreichen könnte. In diesem Zustand ist das negative Selbstschema *weit weg*: Man denkt nicht an Mißerfolge oder daran, daß man negative Eigenschaften haben könnte. Es ist fast so, als hätte man gar kein negatives Selbstschema. Und wirklich kann es Phasen geben, in denen man dieses völlig »vergißt«.

Ist dagegen das negative Selbstschema aktiv, fühlt man sich wertlos. Man hat den Eindruck, nichts zu können und ein Versager zu sein; man schätzt sich selbst als wenig attraktiv und liebenswert ein und hat den Eindruck, voller Fehler und Schwächen zu stecken. In diesem Zustand fühlt man sich niedergeschlagen, überflüssig, massiv unzufrieden. In manchen Fällen können sich sogar Depressionen einstellen: Man hält alles für sinnlos, die Zukunft scheint dunkel, und man hat den Eindruck, nichts daran ändern zu können. Kraft- und antriebslos sitzt man in einer Ecke, und sogar Gedanken an Selbstmord können in einem aufkommen, weil einem alles hoffnungslos erscheint. Man denkt darüber nach, was man im Leben alles falsch gemacht hat, wo man versagt hat, wann und von wem man kritisiert und abgewertet worden ist, wer einen abgelehnt hat. Man nimmt keine Herausforderung an, weil man davon ausgeht, daß man unweigerlich scheitern wird; erhält man eine Aufgabe, erwartet man Mißerfolge. Daher erscheint es besser, gar nicht mehr zu handeln, denn dann kann man auch nur wenig falsch machen. Im Grunde steht man sich selbst im Weg.

Befindet man sich in diesem Zustand, ist das positive Selbstschema unerreichbar weit weg. Man ist praktisch nicht mehr in der Lage, sich an Erfolge zu erinnern; man kann sich nicht mehr klarmachen, über welche Kompetenzen man verfügt; man hat praktisch keinen Zugang zu seinen Ressourcen und Möglichkeiten. Damit hat man auch nur wenig Möglichkeiten, »sich am eigenen Schopf aus dem Sumpf zu ziehen«: Meist ist man dann auf Anerkennung, Lob und Zuspruch von außen angewiesen. Man braucht einen Partner, der einen aktiv aus dem Grübeln über negative Inhalte herausholt.

Wie die beiden Selbstschemata aktiviert werden

Die beiden Selbstschemata werden in der Regel durch Ereignisse in der Umwelt aktiviert. Einmal aktiviert, übernehmen sie die Kontrolle über den Bewußtseinszustand.

Das positive Selbstschema wird durch positive Rückmeldungen aktiviert: durch Lob und Anerkennung, durch Erfolge, durch die Erfahrung, etwas geschafft und geleistet zu haben. So reagiert man positiv darauf,

- → wenn der Chef einen für gute Arbeit lobt,
- → wenn man einen Vortrag hält und Applaus bekommt,
- → wenn die eigene Arbeit von Kollegen geschätzt wird,
- → wenn man zu einer wichtigen Feier eingeladen wird,
- → wenn man befördert wird.

Der Effekt: Man fühlt sich toll, ist vielleicht sogar etwas euphorisch, traut sich alles Mögliche zu, hält sich für unschlagbar.

Das negative Selbstschema wird im wesentlichen durch Kritik, Abwertung, Ablehnung und Scheitern aktiviert. Es kann aktiviert werden,

→ wenn der Chef einem mitteilt, man habe schlechte Arbeit geleistet,
→ wenn man einen Vortrag hält und Kritik erntet,
→ wenn man bei der Beförderung übergangen wird oder
→ wenn man zu einer wichtigen Feier nicht eingeladen wird.

Der Anlaß selbst kann relativ unbedeutend sein: Das negative Selbstschema ist wie ein schlafender Drache, der schon durch Kleinigkeiten geweckt werden kann. Selbst wenn man unmittelbar zuvor positive Rückmeldungen bekommen hat und dann Kritik erhält, die eigentlich gar nicht gravierend ist, kann dies schon genügen, das negative Selbstschema zu aktivieren. Und wenn es einmal aktiviert ist, übernimmt es die Kontrolle: Plötzlich sieht alles schwarz aus; plötzlich ist man nicht mehr in der Lage, die eigenen Erfolge wahrzunehmen, plötzlich wird sämtliche positive Rückmeldung ausgeblendet. Man sieht nur noch die Kritik, die dann allerdings »durchschlagend« wirkt, so daß man denkt:

➔ »Das zeigt wieder, daß ich ein Versager bin!«
➔ »Ich kriege gar nichts auf die Reihe!«
➔ »Alle halten mich für unfähig!«
➔ »Ich sollte mich schnellstens verkriechen!«

Gelegentlich »meldet« sich das negative Selbstschema, obwohl man sich in einem positiven Bewußtseinszustand befindet. Dann tritt es in der Gestalt von Zweifeln auf. Hat man z. B. gerade einen Erfolg verbucht, meldet sich das negative Selbstschema mit der Bemerkung: »Hast Du das wirklich durch Deine Fähigkeiten erreicht oder hast Du einfach nur Glück gehabt? Bist Du wirklich so kompetent oder verstehst Du es bloß gut, anderen etwas vorzumachen?« Auf diese Weise erzeugt das negative Selbstschema nagende Zweifel an eigenen Fähigkeiten und Erfolgen. Es wirkt wie eine Giftspritze, die den Erfolg vergällt. Gelegentlich führt das negative Selbstschema auch dazu, daß man sich selbst für eine »Mogelpackung« hält: »Ich mache anderen etwas vor. Ich stelle eine große Packung dar, aber im Inneren ist tatsächlich nur eine winzige Tube. Irgendwann kommt jemand und durchschaut und entlarvt mich.« Somit kann es sein, daß das negative Selbstschema nie wirklich Ruhe gibt: Unterschwellig ist es immer aktiv, zweifelt an allem, stellt jeden Erfolg in Frage. Und es läßt sich möglicherweise nur selten ganz abschalten.

Das negative Selbstschema droht, die Person zu paralysieren, zu verschlingen. Deshalb muß es kompensiert werden. Es motiviert die Person oft in extremem Maß dazu, Erfolge zu erzielen und damit ein Gegengewicht zu schaffen; ein positives Schema, das das negative »in Schach hält«. Wenn das negative Schema in einem extremen Maß negativ ist, muß das kompensatorische Schema ebenfalls in einem extremen Maß positiv sein. Auf diese Weise bauen Personen ein Schema auf, das Annahmen enthält wie:

→ »ich bin ganz toll«,
→ »ich bin der Größte«,
→ »ich bin unschlagbar«.

Jemand, der einen narzißtischen Persönlichkeitsstil aufweist, zeigt in charakteristischer Weise diesen Wechsel zwischen optimistischen und pessimistischen Phasen: Er befindet sich zwar häufig in dem Zustand, in dem er sich selbst für toll, intelligent und unschlagbar hält; manchmal aber eben auch in dem Zustand, in dem er sich für wertlos, erfolglos und kraftlos hält.

Als angehender Narzißt sollten Sie allerdings nicht glauben, daß der negative Zustand und das negative Selbstschema etwas seien, das man beseitigen sollte: Ganz im Gegenteil! Es ist im wesentlichen das negative Selbstschema, das einen zu außergewöhnlichen Leistungen anspornt! Daher ist ein negatives Selbstschema unerläßlich, wenn man einen narzißtischen Persönlichkeitsstil entwickeln will.

Auf die Kinderstube kommt es an: Wie die Grundlagen für einen effektiven Narzißmus gelegt werden

Ein negatives Selbstschema kommt in der Regel durch negative Erfahrungen in der Kindheit und Jugend zustande, durch Rückmeldungen der Eltern wie:

➔ »Du schaffst es eh nicht!«

➔ »Du bist nicht so, wie wir Dich haben wollen!«

➔ »Du bist ein Versager!«

➔ »Wir akzeptieren Dich nicht so, wie Du bist!«

➔ »Du bist nicht in Ordnung!«

Rückmeldungen und Erfahrungen dieser Art prägen sich sehr nachhaltig im Gedächtnis ein und lassen sich nur sehr schwer wieder löschen. Dabei müssen die Rückmeldungen gar nicht offen oder explizit gegeben werden. Die meisten negativen Rückmeldungen erhält man indirekt: durch zweifelnde Blicke, Stirnrunzeln oder Bemerkungen wie:

➔ »Du wirst die Arbeit ja wohl nicht schaffen!«

➔ »Laß mal, das kannst Du doch nicht!«

➔ »Gut, daß unsere Verwandten Dein Zeugnis nicht sehen!«

Oder, wenn man mal eine gute Arbeit geschrieben hat, durch die Frage:

➔ »Was haben denn die anderen?«

➔ »Wie viele Zweien gibt es denn noch in der Klasse?«

Um ein negatives Selbstschema zu entwickeln, müssen die Abwertungen keineswegs massiv sein: Es genügt, wenn man ihnen regelmäßig ausgesetzt wird. Auch geringe Mengen eines schädlichen Stoffes wirken sich auf die Dauer toxisch aus. Oft ist es eine ablehnende oder zweifelnde Atmosphäre im Elternhaus, die sich negativ auswirkt. Eine Atmosphäre, die zum Ausdruck bringt:

➔ »Wir trauen Dir nur wenig zu!«

➔ »Du erfüllst unsere Erwartungen nicht!«

➔ »Auf Dich kann man nicht stolz sein!«

Im Laufe der Zeit bildet sich daraus ein nachhaltig negatives Selbstschema. Sollten Sie in Ihrer Kindheit solche oder ähnliche Erfahrungen gemacht haben, dann freuen Sie sich: Bei Ihnen haben Ihre Eltern ganze Arbeit geleistet und hervorragende Grundlagen für die Entwicklung eines narzißtischen Persönlichkeitsstils gelegt! Falls Sie nicht über solche soliden Grundlagen verfügen, werden Sie es erheblich schwerer haben, ein richtiger Narzißt zu werden. Versuchen Sie es trotzdem, folgen Sie den Ratschlägen und strengen Sie sich etwas an! Es wird schon klappen!

In der Regel entdeckt die Person, die ein negatives Selbstschema entwickelt hat, im Verlauf ihrer Biographie, daß sie zwar nicht für sich als Person, wohl aber für Leistung Anerkennung bekommt. Dies legen die Bezugspersonen oft auch nahe:

➔ »Wenn Du so und so wärst, dann wärst Du o.k.!«
➔ »Wenn Du Dich anstrengen würdest, könnten wir stolz auf Dich sein!«
➔ »Wenn du mehr leisten würdest, könnten wir Dich vorzeigen!«

Und diese Botschaft greift die Person dann auf: Sie strengt sich an, bekommt Anerkennung und baut aufgrund dieser Anerkennung ein zweites, positives Selbstschema auf.

In der Praxis geht das so: Reden Sie sich einfach ein, wie toll Sie sind, was Sie alles leisten und daß Ihre Möglichkeiten praktisch unbegrenzt sind! Sagen Sie sich einfach:

→ »Ich bin ganz toll!«
→ »Ich bin großartig!«
→ »Ich verfüge über grandiose Kompetenzen!«
→ »Ich bin unschlagbar!«
→ »Ich leiste etwas Besonderes!«
→ »Ich *bin* etwas Besonderes!«

Wenn Sie diesem Rat folgen, entwickeln Sie nicht nur ein positives, sondern ein *grandioses* Selbstschema! Dieses kann unter Umstände ebenso unrealistisch sein wie das negative. Im Grunde *sollte* es sogar übertrieben sein, denn mit einem realistischen Selbstschema sind Sie geradezu ein Langweiler. Machen Sie sich als Narzißt in spe klar:

Richtig anerkannt werden Sie nur, wenn auch Sie selbst glauben, daß Sie ganz toll sind, überdurchschnittlich in jeder Hinsicht!

Stellen Sie also Ihr Licht nicht unter den Scheffel, trumpfen Sie auf!

Höher, schneller, weiter!

Gerade ein solches grandioses Selbstschema zeichnet den echten Narzißten aus. Man ist nicht nur davon überzeugt, daß man gut ist, man ist davon überzeugt, daß man *der Größte* ist; man hat nicht nur Kompetenzen, man hat *überragende* Kompetenzen; man ist nicht einfach nur erfolgreich, man ist *erfolgreicher* als alle anderen!

Dieses extrem positive Selbstschema motiviert nun auch zu besonderen Leistungen:

➔ Man traut sich viel zu und nimmt auch schwierige Aufgaben an;

➔ man stellt sich Herausforderungen, weil man glaubt, daß man sie bewältigen kann;

➔ man entwickelt eine sehr leistungsorientierte Einstellung.

Mit dieser Einstellung lassen die entsprechenden Erfolge meist auch nicht lange auf sich warten.

Der Mechanismus, der dabei abläuft, ist folgender: Alle diese positiven Rückmeldungen und Erfolge »füttern« das positive Selbstschema, das daraufhin immer weiter anwächst, mit der Zeit also immer großartiger wird. Gleichzeitig berühren diese Rückmeldungen jedoch das negative Selbstschema in keiner Weise: Es wird durch all diese Erfolge nicht kleiner und verliert auch nichts von seiner Wirksamkeit. *Das negative Schema bleibt unangetastet erhalten*; es kann weiterhin jederzeit aktiviert werden.

Dies hat eine ganz wichtige Konsequenz: Sämtliche Anstrengungen, Leistungen und Erfolge können zwar für eine gewisse Zeit das negative Selbstschema kompensieren, beseitigen das Problem aber nicht wirklich:

Das negative Selbstschema wirkt psychologisch wie ein »schwarzes Loch«, das alle Leistungen und Erfolge verschlingt.

Daher kann man leisten so viel man will – man wird nie wirklich »satt«; man erreicht keine anhaltende Befriedigung: Sobald man einen Erfolg verbucht, wird dieser schnell von jenem »schwarzen Loch« gefressen, und man muß den nächsten Erfolg ernten. Daraus ergibt sich eine endlose Folge von Anstrengungen, ein »höher, schneller, weiter«: Um den gleichen Effekt zu erzielen, muß man immer mehr leisten. Dadurch gelangt man nie an ein endgültiges Ziel, man leistet nie wirklich genug, muß immer noch mehr tun. Hat man ein Diplom, muß man promovieren, ist man promoviert, muß man habilitieren, ist man habilitiert, muß man den Nobelpreis erhalten. Man ist nie zufrieden mit dem, was man hat. Hier gilt, was Yoda über Luke Skywalker sagt: »Stets nach vorn gerichtet ist sein Blick, nie war er ganz bei dem, was ihn umgab.« (Möge die Macht mit den Narzißten sein!)

Aber lassen Sie sich davon um Gottes willen nicht abschrecken: Durch das »höher, schneller, weiter« kommen auch *Sie* immer weiter: Auf diese Weise machen Sie schließlich Karriere, werden reich und berühmt! Was macht da schon so ein winziges schwarzes Loch im eigenen Selbstbewußtsein? Lächerlich! Unwesentlich! Nicht der Rede wert!

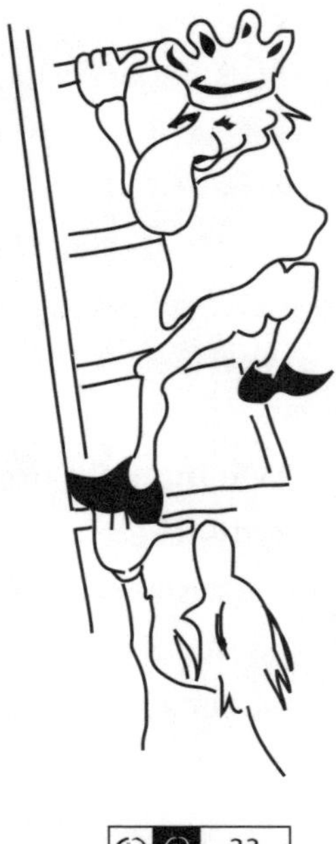

Es gibt einen sehr starken Zusammenhang zwischen dem, wie man sich selbst sieht, und wie man glaubt, daß man von anderen gesehen wird: Sieht man sich selbst positiv, glaubt man, daß auch andere einen positiv wahrnehmen; sieht man sich selbst negativ, glaubt man, daß man auch von anderen negativ eingeschätzt wird. Damit ist die Kompensation des negativen Selbstschemas zum großen Teil eine Kompensation der *eigenen* negativen Überzeugungen: Man will *sich selbst* beweisen, daß man kompetent und erfolgreich ist. Zu einem Teil dient die Leistung jedoch auch dazu, *anderen* zu beweisen, wie toll man ist. Damit erhält die Rückmeldung von anderen eine große Bedeutung. Wichtig ist auch der soziale Vergleich: Man will nicht einfach nur gut sein, man will *besser sein als andere!* Und das in jeder Hinsicht und möglichst bei allen Tätigkeiten! Nun aber gilt es, konkrete Schritte zu unternehmen, um ein doppeltes Selbstschema zu entwickeln.

Wie man ein doppeltes Selbstschema entwickelt

Am besten beginnen Sie mit der Ausformung eines negativen Selbstschemas. Das ist zugegebenermaßen etwas unangenehm, aber die Mühe lohnt sich. Denken Sie immer daran:

Das negative Selbstschema ist der Schlüssel zu einem narzißtischen Persönlichkeitsstil.

Von der Stärke dieses Schemas hängt es wesentlich ab, wie erfolgreich Sie sein werden. Daher seien Sie bitte an diesem Punkt recht gründlich und schlampen Sie nicht! Reißen Sie sich zusammen, auch wenn es Ihnen zunächst schwerfällt! Am besten nehmen Sie sich etwas Zeit, ziehen sich in ein dunkles Zimmer zurück und tun folgendes:

- ➔ versuchen Sie sich zu erinnern, in welchen Situationen Sie versagt haben, wo Sie Mißerfolge hatten;
- ➔ denken Sie darüber nach, wann und von wem und wofür Sie kritisiert worden sind;
- ➔ verdeutlichen Sie sich, von wem Sie abgelehnt, abgewiesen, sitzengelassen wurden;
- ➔ machen Sie sich klar, daß *Sie* der Grund dafür waren, und versuchen Sie herauszufinden, was Sie nicht können, welche Eigenschaften Sie nicht haben, was an Ihnen abstoßend ist ;
- ➔ machen Sie sich klar, daß diese Mängel tiefgreifend und elementar sind und daß Sie sie nicht abstellen oder beseitigen können;

- ➔ versuchen Sie, in eine depressive Stimmung hineinzukommen, indem Sie sich deutlich machen, wie schlimm Ihr Zustand ist und daß es daraus keinen Ausweg gibt;
- ➔ sagen Sie sich immer wieder: »Ich bin ein Versager!«, »Keiner mag mich!«, »Ich kriege nichts auf die Reihe!«, »Mir fehlt es an den elementarsten Fähigkeiten!«, »Ich kann die Erwartungen anderer nicht erfüllen!«.

Sollten sich dann tatsächlich Mißerfolge einstellen, sagen Sie sich:

- ➔ »Das liegt allein an mir!«
- ➔ »Das zeigt wieder, was für eine Pfeife ich bin!«
- ➔ »Ich werde es nie schaffen!«
- ➔ »Allen ist klar, daß ich ein Versager bin!«

Wenn Sie dann ausreichend an der Ausbildung des negativen Selbstschemas gearbeitet haben, widmen Sie sich der Ausbildung des positiven Selbstschemas. Ziehen Sie sich zu diesem Zweck ebenfalls zurück und tun Sie folgendes:

- ➔ erinnern Sie sich an Erfolge, an Lob, an positive Rückmeldungen;

→ machen Sie sich deutlich, daß all diese Erfolge auf Ihre Fähigkeiten und Kompetenzen zurückgehen;
→ machen Sie sich klar, daß Sie ganz toll sind, Großartiges leisten, andere zum Staunen bringen;
→ zeigen Sie sich selbst auf, daß andere Sie bewundern, respektieren und schätzen.

Wenn sich dann Erfolge einstellen und Sie dafür gelobt werden, sagen Sie sich:
→ »Das zeigt wieder, wie gut und kompetent ich bin!«
→ »Alle merken, wie toll ich bin!«
→ »Ich werde respektiert und anerkannt!«
→ »Ich bin der Größte!«

Diese Übungen wiederholen Sie so lange, bis sich zwei Selbstschemata bei Ihnen ausgebildet haben und beide automatisch durch die entsprechenden Umstände aktiviert werden: Das negative Selbstschema durch Kritik, Mißerfolge und wenn Sie zurückgewiesen werden; das positive Selbstschema durch Erfolg und wenn Sie Anerkennung erfahren.

Selbstverständlich können Sie sich auch ganz darauf konzentrieren, ein übertrieben positives Selbstschema aufzubauen und auf die Entwicklung eines negativen

Gegenstücks zu verzichten. Doch dann sind Sie kein richtiger Narzißt, denn es fehlt Ihnen der enorme Antrieb, den ein gut entwickeltes negatives Schema erzeugt: Dann ist es wahrscheinlich, daß Sie irgendwann genug haben, zufrieden sind und weitere Bemühungen einstellen.

Haben Sie es geschafft, zwei unterschiedliche Schemata von sich selbst aufzubauen, bringen Sie die Grundvoraussetzungen dafür mit, ein erfolgreicher Narzißt zu werden! Für eine Karriere als Narzißt bedarf es aber noch ein paar weiterer, praktischer Ratschläge. Freuen Sie sich auf das nächste Kapitel!

3 Das praktische 1x1 des Narzißmus

Gehen Sie kritischen Situationen aus dem Weg!

Ist es Ihnen erst einmal gelungen, ein negatives Selbstschema auszubilden, sollten Sie von nun an alles vermeiden, was zu seiner Aktivierung führt. Meiden Sie Situationen, in denen Sie kritisiert werden könnten!

Wenn Sie erwarten, daß ein Kollege über Ihre Arbeit herziehen wird, hören Sie sich das gar nicht erst an; wenn Sie ahnen, daß ein Publikum Sie nach Ihrem Vortrag niedermachen will, sagen Sie den Vortrag ab. Vermeiden Sie alle Situationen, in denen Sie getadelt werden könnten, in denen Sie sich abgewertet oder ausgegrenzt fühlen. Wenn Sie auf eine Party gehen und niemand kümmert sich um Sie, verlassen Sie die Party einfach; Sie haben es nicht nötig, sich einer derartigen Situation auszusetzen! Daraus folgt auch:

Gehen Sie allen Konflikten aus dem Weg, von denen Sie nicht wissen, wie sie für Sie ausgehen!

Lassen Sie sich nur dann auf Konflikte ein, wenn Sie sicher sind, daß Sie sich gut behaupten können oder daß Sie gewinnen: Dann handelt es sich um eine Gelegenheit, in der Sie einmal mehr Ihre Überlegenheit demonstrieren können! Sollte der Ausgang aber ungewiß sein, lassen Sie es: Tun Sie so, als sei von Ihnen aus alles in Ordnung, als gäbe es keinerlei Anlaß zu einem Austausch; spielen Sie den Unbeteiligten! Das nimmt den anderen die Motivation, sich mit Ihnen auseinanderzusetzen.

Eine gute Methode, die allerdings etwas Nervenstärke verlangt, ist, gar nicht zu reagieren. Wenn Sie z. B. von Ihrem Partner kritisiert werden, sagen Sie einfach gar nichts dazu, Sie sehen ihn an und schweigen hartnäckig. Dies kann dazu führen, daß sich Ihr Partner zunächst noch mehr aufregt; hat er damit jedoch keinen Erfolg, wird er sich auch wieder abregen! Äußern Sie sich nur dann, wenn es gar nicht mehr anders geht, aber bleiben Sie auch dann möglichst einsilbig. Denken Sie daran: Alles, was Sie sagen, kann gegen Sie verwendet werden! Also geben Sie nur zu, was Ihnen sowieso nachgewiesen werden kann; ansonsten streiten Sie alles ab. Bringen Sie sich nie ohne Not selbst in eine kritische Lage! Es ist schon ganz anderen gelungen, einen Konflikt auszusitzen. Beantworten Sie Fragen möglichst schwammig oder beantworten Sie Fragen, die nicht gestellt worden sind. Kurzum: Reden Sie wie ein Politiker, dann können Sie am wenigsten festgenagelt werden.

Ganz allgemein gilt: Geben Sie keine Schwächen zu! Wenn Sie über sich reden, sprechen Sie nicht über Dinge, die Sie nicht beherrschen oder die Ihnen schwerfallen. Dadurch könnten Sie ein negatives Image bei anderen aufbauen; andere könnten Sie für einen Versager halten.

Allerdings kommt es in Unterhaltungen mit anderen oft nicht so gut an, wenn man sich selbst ausschließlich positiv darstellt. Ihre Gesprächspartner könnten neidisch werden. Das allerdings braucht für Sie kein Grund zur Sorge sein. Verlassen Sie sich auf folgende Erkenntnis:

Man macht sich attraktiver, wenn man selbst Schwächen eingesteht.

Suchen Sie sich also ein paar harmlose Schwächen aus, Dinge, die Sie nicht können, die Sie aber auch gar nicht können wollen, und von denen Sie annehmen, daß kein vernünftiger Mensch sie beherrscht. Sagen Sie z. B., daß Sie kein Latein können und daß Sie auf der Schule bei Lateinarbeiten immer gemogelt hätten: Das wird Ihnen nicht nur die Sympathie aller Leidensgenossen einbringen, sondern läßt Sie auch weniger perfekt und dadurch menschlicher erscheinen. Frauen kokettieren am besten damit festzustellen, sie könnten nicht Auto fahren oder sie würden regelmäßig rechts und links verwechseln.

Berühren Sie in einem Gespräch aber keinesfalls Ihre wirklichen Schwächen: Das geht nun wirklich niemanden etwas an! Und Sie wissen vor allem nicht, was Ihr Gesprächspartner mit der Information macht. Vielleicht gibt er sie weiter und Sie verlieren die Kontrolle darüber, was über Sie im Umlauf ist! Eine schreckliche Vorstellung!

Ein weiterer, wichtiger Hinweis: Brechen Sie den Kontakt zu »Freunden« ab, die ständig an Ihnen herumnörgeln oder die alles besser wissen und können. Das müssen Sie sich wirklich nicht geben! Nichts ist ätzender als jemand, der ständig über sich spricht (anstatt über Sie) und der ständig mit seinen Erfolgen prahlt (anstatt Ihre zu würdigen). Und spielen Sie das Spiel: »Mein Haus, mein Auto, mein Pferd« auch nur, wenn Sie sicher sind, daß Sie gewinnen. Falls nicht, sagen Sie einfach, es sei Ihnen nicht wichtig, was für ein Auto Sie fahren. Und Sie verstehen auch nicht, wie einem Mann von Welt das überhaupt wichtig sein kann! Es ist ganz einfach: Wenn man keine Joker hat, muß man bluffen!

Reagieren Sie auf Kritik persönlich beleidigt!

Als richtiger Narzißt reagieren Sie hochgradig empfindlich auf Kritik. Jede Art von Kritik kann dazu führen, daß Ihr negatives Selbstschema aktiviert wird, und das beschert Ihnen unangenehme Gefühle! *Jede* Form der Kritik regt das negative Selbstschema an und das wiederum löst Selbstzweifel aus, Gefühle von Versagen und Hilflosigkeit. Alles das ist extrem unangenehm! Lassen Sie sich deshalb auf keinen Fall Kritik gefallen!

Wie Sie auf Kritik reagieren, sollte jedoch davon abhängen, welchen Status und welche Macht der Kritiker im Vergleich zu Ihnen hat. Werden Sie von jemandem kritisiert, der einen höheren Status hat als Sie selbst oder der Macht über Sie hat (z. B. Ihr Chef), dann ist es nicht von Vorteil, ärgerlich zu reagieren: In diesem Fall zeigen Sie also besser keine emotionale Wirkung. Sie reagieren vielmehr scheinbar gelassen, inhaltlich verteidigen Sie jedoch Ihre Position. Ganz kühl und entspannt machen Sie Ihrem Chef klar, daß er sich irrt und Sie recht haben! Falls Sie nicht recht haben sollten, zeigen Sie sich besser einsichtig, auch, wenn es Ihnen schwer fällt. Ärgern können Sie sich hinterher. Aber aufgepaßt:

Zeigen Sie dem Mächtigen aber auf keinen Fall, daß Sie betroffen oder getroffen sind!

Er könnte eine Schwachstelle in Ihrer Abwehr entdecken und Sie künftig ausnutzen. Wahren Sie daher die Fassade und demonstrieren Sie, daß Sie Kritik vertragen, einiges einstecken können und nicht leicht aus der Fassung zu bringen sind! Sie stehen über den Dingen und das zeigen Sie auch! Doch selbstverständlich vergessen Sie die Kränkung nicht. Bei passender Gelegenheit rächen Sie sich. Wenn die Steuerprüfung im Haus ist, lassen Sie ganz nebenbei eine Bemerkung fallen, die Ihren Chef in Schwierigkeiten bringt, sagen ihm aber, Sie hätten sich gar nichts dabei gedacht. Die

Rache ist mein, spricht der Narzißt! Denn ungeschoren können Sie den Kritiker auf keinen Fall davonkommen lassen!

Sollte der Kritiker jedoch einen niedrigeren Status haben als Sie selbst, trifft ihn die volle Wucht Ihrer Vergeltung: Sie machen ihm in aller Deutlichkeit klar, daß er Unsinn redet und daß Sie seine Kritik für äußerst unangemessen halten. Unter Umständen können Sie ihm auch unlautere Motive unterstellen, z. B., daß er sich auf Ihre Kosten profilieren wolle. Auf alle Fälle seifen Sie ihn so heftig ab, daß ihm beim nächsten Mal die kritische Bemerkung im Halse steckenbleibt.

Unterscheiden Sie nicht zwischen persönlicher und sachlicher Kritik!

Kritik kann, objektiv gesehen, sehr unterschiedlich gemeint sein: Sie kann sehr sachlich, als eine rein inhaltliche Rückmeldung gemeint sein, aus der der Kritisierte lernen kann, ohne daß er in seiner Person auch nur im geringsten abgewertet würde; sie kann aber auch persönlich gemeint sein, als Kritik an der Person, als Abwertung oder sogar als Beleidigung.

Für viele Menschen macht das einen Unterschied in der Reaktion auf Kritik: Sie können in der Regel eine rein sachliche Rückmeldung annehmen, ohne gekränkt oder beleidigt zu sein, reagieren jedoch sauer auf persönliche Abwertungen.

Einem echten Narzißten ist der Unterschied zwischen sachlicher und persönlicher Kritik piepegal: Jede Art von Kritik aktiviert das negative Selbstschema und damit ist jede Art von Kritik eine Kränkung und eine Beleidigung.

Reagieren Sie daher auf sachliche Kritik genauso empfindlich und scharf wie auf persönliche. Lassen Sie sich von einem Kritiker auch nicht einreden, »es sei alles nicht so gemeint«. Wenn es nicht so gemeint gewesen wäre, dann hätte er seine Kritik auch für sich behalten können! Jede Art von negativer Rückmeldung ist eine Frechheit und verdient eine entsprechende Reaktion! Lassen Sie sich auch von einem Arbeitskollegen nicht einreden, »er wolle Ihnen einfach nur eine Rückmeldung geben«. Wenn Sie einen Vortrag halten und Sie werden gefragt, ob Sie dieses oder jenes bedacht hätten, dann ist das ganz klar eine persönliche Beleidigung: Natürlich haben Sie *alles* bedacht; wie kann es irgendein Idiot wagen, das in Frage zu stellen?

Gott vergibt, ein Narzißt nie!

Vergessen Sie keine Demütigung und vergeben Sie erst recht keine! Gott vergibt, ein Narzißt nie! Wenn Sie jemand beleidigt oder gekränkt hat, dann warten Sie nur auf die Gelegenheit, es ihm zehnfach zurückzuzahlen. Natürlich so, daß es nicht auffällt, denn Sie wollen ja nicht als nachtragend gelten. Sie nutzen den Vortrag Ihres Kontrahenten, um vor dem gesamten Publikum offenzulegen, daß er Teile seines Vortrages bei einem anderen abgeschrieben hat. Sie sagen selbstverständlich nicht »Sie haben abgeschrieben!«. Sie formulieren das natürlich sehr viel vornehmer, z. B.: »Es ist interessant, daß Sie an verschiedenen Stellen Ihres Vortrages Gedanken von XY erwähnen!«, obwohl Sie wissen, daß der Redner XY eben *nicht* zitiert hat.

Leute, die Ihnen böse mitgespielt haben, können Sie auch zu »*Unpersonen*« machen: Sie kennen sie nicht mehr, Sie grüßen sie nicht mehr, reden nicht mehr mit ihnen, übersehen sie geflissentlich in der Menge. Das ist eine besonders effektive Methode der Vergeltung. Durch den Abbruch der Kommunikation hat der andere keine Chance mehr, etwas wiedergutzumachen, sich zu entschuldigen oder sein Verhalten zu erklären: Er wird in die Kategorie der lebenden

Toten überführt. Falls das so drastisch nicht möglich ist, schränken Sie Ihren Umgang mit ihm ein: Sie reden so wenig wie möglich mit ihm, übersehen seine Hand, lächeln ihn nicht an, Sie behandeln ihn wie einen Fremden, aber immer so, daß er Ihnen nicht direkt einen Vorwurf machen kann. Sollte er Sie fragen, ob etwas nicht stimme, sagen Sie einfach: »Nein, wieso denn?«

Erwarten Sie von anderen Bestätigung und Anerkennung!

Machen Sie allen Personen in Ihrer Umgebung klar, daß Sie von ihnen Bestätigung und Anerkennung erwarten. Das gilt besonders dann, wenn Sie beruflich Untergebene haben: Deren vornehmste Aufgabe besteht darin, Sie zu loben und zu bestätigen! Man sollte Ihnen ständig sagen

- ➔ wie toll und souverän Sie Ihre Arbeit machen;
- ➔ daß Sie viel intelligenter, kreativer und leistungsfähiger sind als alle anderen;
- ➔ daß Sie ein guter Menschenkenner sind und Ihre Führungsaufgaben exzellent managen;
- ➔ daß Sie mühelos mit den schwierigsten Problemen fertigwerden;

→ daß Sie nichts aus der Ruhe oder aus der Fassung bringen kann.

Kommen Ihre Untergebenen dieser Aufgabe nicht nach, kritisieren Sie sie so lange, bis sie es begreifen: Ein zufriedener Chef ist ein guter Chef, und um den Chef zufriedenzustellen, muß man ihn füttern!

Sind Sie nicht in einer Chefposition, haben Sie es natürlich deutlich schwerer. In diesem Fall ist es günstig, häufig zu Kollegen zu gehen und sie zu fragen, ob denn Ihre Arbeit nicht toll sei. Sagen Sie Ihren Kollegen, welche Probleme Sie wieder gemeistert und welche schwierigen Aufgaben Sie bewältigt haben. Machen Sie deutlich: Sie sind der Ritter in der schimmernden Rüstung, der große Drachentöter, dem man Respekt und Anerkennung zu zollen hat! Zugegeben – die Rolle kann bei verstockten Kollegen manchmal etwas mühsam sein, viele wollen Ihre Großartigkeit einfach nicht begreifen. Sobald Ihnen klar ist, daß sich einer der Kollegen weigert, Ihre natürliche Überlegenheit anzuerkennen, schneiden Sie ihn! Ignorieren Sie ihn einfach! Er ist Ihrer Aufmerksamkeit und Ihrer Bemühungen nicht wert; daher soll Ihr Glanz auch nicht auf ihn fallen!

Wählen Sie Ihren Lebenspartner sorgfältig!

Besonders wichtig ist, daß Sie sich in Ihren persönlichen Beziehungen Anerkennung und Respekt verschaffen. Berücksichtigen Sie diesen Aspekt, wenn möglich, schon bei der Partnerwahl. Ziehen Sie nur solche Partnerinnen und Partner in die engere Wahl, die signalisieren,

➔ daß sie Sie bewundern;
➔ daß sie Sie für ganz besonders kompetent, intelligent und erfolgreich halten;
➔ daß sie es als eine Ehre betrachten, mit Ihnen zusammensein zu dürfen.

Partner dagegen, die der Meinung sind,

➔ es sei nichts Besonderes, was Sie tun;
➔ sie seien mindestens ebensogut wie Sie;
➔ Leistung und Erfolg seien völlig normal,

sollten Sie meiden: Es ist vorhersehbar, daß Sie mit solchen Personen nur Scherereien bekommen. Als potentielle Partner kommen sie keinesfalls in die engere Wahl. Machen Sie auch Ihrem Partner immer wieder klar, daß Sie der Größte sind, und holen Sie sich eine entsprechende Portion Bewunderung ab:

Erzählen Sie Ihrem Partner von Ihren Leistungen, von Ihren Erfolgen; davon, wie Sie es dem Chef gezeigt haben, wie Sie von Mitarbeitern bewundert werden! Machen Sie deutlich, daß andere der Meinung sind, daß Ihre Leistungen außergewöhnlich und Ihre Fähigkeiten meisterhaft sind. Aber tragen Sie nicht zu dick auf; lassen Sie diese Informationen am besten wie nebenbei einfließen, so, als seien sie Ihnen selbst gar nicht so wichtig, ja, als sei es Ihnen geradezu peinlich, so hochgelobt zu werden. Lassen Sie beiläufig beim Essen eine Bemerkung der Art fallen: »Ach übrigens, der Chef hat mich heute zum Essen eingeladen, um sich für meine hervorragende Arbeit zu bedanken!«. Und dann wechseln Sie das Thema, als sei diese Information im Grunde für Sie belanglos. Auf diese Weise bauen Sie sich ganz allmählich das Image eines erfolgreichen Menschen auf, der von allen respektiert und geachtet wird. Ihr Partner kann dann gar nicht mehr anders, als sich der allgemeinen Bewunderung anzuschließen!

Bedauerlicherweise stellen sich in länger dauernden Beziehungen gewisse Verschleißerscheinungen ein: Die Frauen sind nach einiger Zeit nicht mehr so richtig davon überzeugt, daß ihre Männer großartig sind; dafür kennen sie diese zu gut. Und sie kennen auch die Kostenseite zu gut: Sie wissen, was es bedeutet, die Gattin eines großartigen Mannes zu sein. Daher nutzt sich der Bewunderungseffekt mit der Zeit ab. Sollten Sie den Eindruck haben, Ihre Partnerin zollt Ihnen nicht mehr die angemessene Anerkennung, verzagen Sie nicht! Sie werden bestimmt eine Jüngere finden, die Sie angemessen beeindrucken können: mit Ihrem Erfolg, Ihrem Charme und mit Ihrem großen Auto. Machen Sie es wie viele Amerikaner: Lassen Sie sich scheiden und legen Sie sich eine »trophy woman« zu, eine Frau, die Ihr Ego wunderbar ergänzt und die wunderbar aussieht auf dem Beifahrersitz! Dieses Spiel können Sie auch dann spielen, wenn Sie nicht mehr der Jüngste sind: Viagra macht's möglich!

Das Ganze ist aus einer männlichen Perspektive geschildert, da Männer immer noch den Großteil der Narzißten stellen. Aber die Frauen sind auf dem Vormarsch. Die Prinzipien sind exakt dieselben, lediglich das Geschlechtsvorzeichen ändert sich: Spannen Sie also Ihren Partner ein, damit er Ihnen den Rücken freihält (Erscheint an dieser Stelle Mrs. Thatcher vor Ihrem inneren Auge? Gut so, Sie haben begriffen, worum es geht). Umgeben Sie sich mit jugendlichen Männern, die Ihre Schönheit, und mit älteren Männern, die Ihre Intelligenz bewundern! Aber denken Sie daran: Sie bewegen sich in einer Männerdomäne, also zeigen Sie Stärke! Demonstrieren Sie Überlegenheit! Sie schwimmen in einem Haifischbecken!

Zeigen Sie, daß Sie ein toller Hecht sind!

Ein weiterer, äußerst wichtiger Hinweis: Nutzen Sie jede sich bietende Gelegenheit, sich selbst aufzuwerten.

✗ Hier ein paar praktische Tips:

Eine gute Möglichkeit, den eigenen Wert zu steigern, liegt darin, wichtige Leute zu kennen und dann weniger wichtigen Leuten mitzuteilen, daß man wichtige Leute kennt. Treten Sie z. B. in eine Partei ein: Lernen Sie den Oberbürgermeister persönlich kennen, dazu den Landtagsabgeordneten und den Bundestagsabgeordneten! Dann können Sie auf der nächsten Party einflechten: »Wie mein Freund, der Bundestagsabgeordnete X unlängst sagte, ...« Oder treten Sie dem Lions Club bei (so Sie können): Das verschafft Ihnen Zugang zu allen Honoratioren der Stadt. Falls das nicht möglich sein sollte, treten Sie zumindest einem angesehenen Tennisclub oder sogar einem Golfclub bei.

Es ist unerheblich, ob Sie Tennis oder Golf spielen können, und es ist völlig unwichtig, ob Sie diese Sportarten mögen; vielleicht hassen Sie sogar sportliche Betätigung jeglicher Art. Aber ein paar Opfer muß man schon bringen für die eigene Reputation: »Contact your local heroes!« Auf diese Weise frühstücken Sie bald mit dem Stadtrat und duzen sich mit dem Bankdirektor. Dann sind Sie wirklich jemand! Dann haben

Sie es geschafft! Sie sind aufgenommen in den Club der wichtigen Leute! Und tun Sie etwas für die Gemeinschaft: Übernehmen Sie im Tennisclub das Amt des Kassenwartes. Dann haben Sie mit allen zu tun, jeder kennt Sie und keiner kommt mehr an Ihnen vorbei.

Auch im beruflichen Bereich bieten sich Ihnen zahlreiche Chancen, sich selbst ins rechte Licht zu setzen: Sollte jemand gesucht werden, der zur Feier des 50. Geburtstages des Chefs eine Rede hält – tun Sie's (bevor es jemand anderes tut)! Wenn es Ihnen schwer fällt, eine Rede zu schreiben, besorgen Sie sich einfach einen Ghostwriter. Wird jemand gesucht, der die Firma auf einer Pressekonferenz vertritt: Ergreifen Sie die Gelegenheit! Je mehr Sie im Rampenlicht stehen, desto mehr wird man über Sie reden! Und je mehr man über Sie redet, desto wichtiger werden Sie.

Andere runtermachen – aber richtig!

Eine andere, sehr effektive, wenn auch manchmal etwas riskante Methode, sich aufzuwerten, besteht darin, andere abzuwerten. Aber Vorsicht: Tun Sie das nur, wenn der Abgewertete nicht anwesend ist und möglichst nichts davon erfährt. Ansonsten könnte das Imperium zurückschlagen!

Wenn Sie im Bereich der Wissenschaft arbeiten, kennen Sie dieses Spiel sicher schon: Man führt aus, daß der Kollege in seiner letzten Publikation diese oder jene Theorie übersehen hat, daß er wichtige Artikel nicht zitiert hat, daß seine Überlegungen flach sind, daß das Ganze nicht neu ist und überhaupt auch ziemlich irrelevant. Sollte die Arbeit jedoch so gut sein, daß Sie keine wesentlichen Kritikpunkte finden können, beißen Sie sich an Kleinigkeiten fest. Hauptsache, Sie finden ein Haar in der Suppe! Je stärker Sie einen potentiellen Konkurrenten abwerten, desto strahlender wird das Licht, in dem Sie erscheinen!

Auch in Betrieben funktioniert das Verfahren, andere abzuwerten, bestens. Denken Sie vor allem daran:

Um jemandem zu schaden, braucht man, nach psychologischen Erkenntnissen, seine abwertende Behauptung in aller Regel nicht zu beweisen. Es reicht völlig, daß man etwas behauptet.

Wenn Sie die Absicht haben, ein Gerücht in die Welt zu setzen, zögern Sie nicht: Es besteht eine hohe Wahrscheinlichkeit, daß es alle glauben. Die wenigsten werden es in Frage stellen und niemand wird von Ihnen Beweise fordern! Sie müssen es nur überzeugt und nachdrücklich vorbringen, so, als könnten Sie jederzeit Beweise für Ihre Behauptungen vorlegen. Auf diese Weise können Sie Gerüchte streuen wie:

➔ »X hat bei seiner Diplomprüfung gemogelt, er ist gar nicht so schlau wie er immer tut!«
➔ »Y hat ein heimliches Verhältnis mit Z, er tut bloß immer so moralisch, in Wahrheit ist er ein Schwein!«
➔ »A sabotiert unterschwellig die gemeinsame Arbeit und ist daran schuld, daß die ganze Abteilung nicht fertig wird!«

Sollten Sie zu dieser Strategie greifen, überlegen Sie sehr genau, wem Sie was sagen: In jeder Abteilung gibt es wandelnde Bild-Zeitungen, denen man ein »Geheimnis« anvertraut und genau weiß, daß 30 Minuten später die ganze Abteilung bestens informiert ist. Machen Sie sich solche Informationsträger zunutze! Füttern Sie sie gezielt mit Informationen! Und beachten Sie: Je schlechter die Kollegen dastehen, desto besser für Sie. Lassen Sie deshalb alle Hemmungen fallen! Halbe Sachen sind sowieso nicht Ihr Ding: Schenken Sie den Kollegen kräftig eins ein.

Rechnen Sie aber auch damit, daß andere neidisch auf Sie werden: Es wird garantiert Leute geben, die Ihnen Ihren Status mißgönnen. Sie werden versuchen, Intrigen gegen Sie zu spinnen, Ihnen zu schaden, an Ihrem Stuhl zu sägen! Sie mögen es bedauern, nicht von allen geschätzt und respektiert zu werden, aber machen Sie sich klar: Das ist der Preis des Ruhmes! Wer erfolgreich ist, hat auch Feinde. Am besten, Sie betrachten das als eine Herausforderung, an der Sie wachsen können! Nehmen Sie den Kampf auf, Sie sind schon mit ganz anderen fertig geworden!

Beschäftigen Sie sich mit Phantasien grenzenlosen Erfolges!

Selbst wenn Sie sich noch so sehr anstrengen und Ihrer Karriere viel Zeit und Energie opfern, ist es doch wahrscheinlich, daß Sie nicht so weit kommen wie Sie möchten. Es kann eben immer nur einer Vorstandssprecher der Deutschen Bank werden, und es ist immer nur einer Bundeskanzler. Doch verzagen Sie nicht: Holen Sie sich das, was Ihnen zusteht, einfach in Ihrer Phantasie! Nehmen Sie sich Zeit dafür, einen inneren Film zu entwickeln, in dem Sie der Hauptdarsteller sind. Arbeiten Sie systematisch am Drehbuch, bis es

Ihren Vorstellungen entspricht. Tun Sie das z.B. vor dem Einschlafen, in Pausen, beim Essen und sonntags auf dem Sofa: Verpassen Sie keine Gelegenheit, sich Ihr eigenes Reich aufzubauen! Ihrer Phantasie sind dabei keine Grenzen gesetzt, Sie können sich buchstäblich *alles* vorstellen, was immer Sie wollen. Stellen Sie sich vor, Sie seien der Herrscher der Welt! Und wenn Sie darüber hinaus noch eine Vorliebe für Science-fiction haben, gehen Sie einfach davon aus, daß Sie nicht nur Herrscher über diese Welt, sondern der Herrscher des Universums sind! Ihre Macht ist unbegrenzt, keiner macht Ihnen Vorschriften und die Frauen der unterschiedlichsten Planeten himmeln Sie an. Eine solche Vorstellungswelt entschädigt für so manches: für Mißerfolge, dafür, im realen Leben nicht recht weiterzukommen. Sie kompensieren das alles einfach durch die Großartigkeit Ihrer Vorstellung.

Umgeben Sie sich mit Bewunderern!

Man kann in der Wahl seiner Freunde nicht vorsichtig genug sein. Achten Sie darauf, daß Sie möglichst nur solche Leute in Ihrem näheren Bekanntenkreis dulden, die Sie respektieren, ja, die Sie möglichst sogar bewundern. Suchen Sie sich Ihre Bekannten sorgfältig danach aus, ob sie Sie für großartig halten, für einzigartig, für erfolgreich und intelligent. Vermeiden Sie es dagegen, sich mit Leuten zu umgeben, die Ihre Vorzüge nicht recht zu schätzen wissen, oder gar solche, die neidisch sind. Damit hängen Sie sich nur einen Haufen Nörgler an den Hals, die Ihnen weismachen wollen, daß Ihr Swimmingpool zu tief, der Garten zu groß, der Oldtimer zu alt und der Malt-Whiskey zu warm seien. Tun Sie sich das nicht an, das haben Sie nicht nötig!

Wenn Sie sich mit Bewunderern umgeben, wird das zur Folge haben, daß Sie kaum Gleichgestellte und Gleichaltrige zu Ihren Freunden zählen werden. Diese wollen nämlich selbst bewundert werden und geben ungern etwas von ihrem Glanz an andere ab. Jüngere Kollegen hingegen oder Mitarbeiter, die Ihnen untergeben sind, erfüllen diese Voraussetzungen wunderbar: Für sie ist es eine Ehre, von Ihnen eingeladen zu werden, Sie womöglich sogar duzen zu dürfen. Auf diese Weise kommen alle auf ihre Kosten: Ihre Gäste fühlen sich geehrt und Sie genießen ihre Bewunderung!

Mein Haus, mein Auto, mein Pferd . . .

Statussymbole sind solche Besitztümer, mit denen man nachweisen kann, »daß man es geschafft hat«. Passende Statussymbole sind:

➔ eine große Limousine
➔ oder ein schnelles Auto, z. B. ein Ferrari,
➔ eine Villa,
➔ eine Rolex,
➔ eine Jacht oder Jagd,
➔ ein Ferienhaus,
➔ eine elegante Frau oder ein jugendlicher Liebhaber.

Scheuen Sie sich nicht, Ihren Erfolg zu zeigen: Schenken Sie Ihrer Frau ein teures Kollier und sorgen Sie dafür, daß sie es auf der nächsten Party trägt. Weiden Sie sich dann an den neidischen Blicken der anderen Gäste! Fahren Sie mit Ihrem Cabriolet am Samstag durch die City: Sie haben nichts zu verbergen! Feiern Sie in Ihrem Haus rauschende Partys: Ein so schönes Haus leerstehen zu lassen, wäre eine Schande! Demonstrieren Sie, daß Sie einen ganz einfachen Geschmack haben: Sie nehmen immer nur das Beste!

Auch an kleinen Dingen wird Ihr Erfolg sichtbar (und natürlich Ihr guter Geschmack!):

- ➔ Rauchen Sie z. B. Dunhill und keine Marlboro!
- ➔ Benutzen Sie ein goldenes Feuerzeug und keine Wegwerfware!
- ➔ Unterschreiben Sie mit einem goldenen Kugelschreiber!
- ➔ Tragen Sie einen Ehering aus Platin!

Auch Ihre Kleidung sollte für sich selbst sprechen: natürlich Lacoste-Pullover und Armani-Anzüge! Darunter geht es einfach nicht!

Als echter Narzißt können Sie aber auch eine ganz andere Strategie fahren: Sie können sich das Image zulegen, so gut und so erfolgreich zu sein, daß Sie den ganzen Schnickschnack gar nicht nötig haben: Sie können es sich leisten, einen Kleinwagen zu fahren; Sie sind auch dann großartig, wenn Sie »nur« eine Omega tragen und keine Rolex. Sie sehen auch in schlichten Klamotten großartig aus! Mit diesem Image signalisieren Sie wahre Souveränität: Sie stehen über dem Konsumterror und haben es nicht nötig, sich seinem Diktat zu unterwerfen. Sie signalisieren: »Was schick oder in ist, bestimme immer noch ich.« Wenn Sie so weit sind, dann haben Sie es wirklich geschafft: Dann steht Ihnen die Meisterklasse der Narzißten offen!

4 Leistung:

Ein entscheidendes Prinzip in unserer Kultur

Wie wir gesehen haben, kompensieren die meisten Narzißten in unserer Kultur ihr negatives Selbstkonzept durch Leistung. Damit werden Leistung und Erfolg zu den großen Götzen einer Person mit narzißtischem Persönlichkeitsstil. Als angehender Narzißt sollten Sie ebenfalls diesen Götzen dienen, nein: Sie sollten sich ihnen komplett unterwerfen! Nur erfolglose Narzißten leisten nichts und setzen darauf, im Lotto zu gewinnen. Aber das ist albern: Ein echter Narzißt will es aus eigener Kraft geschafft haben!

Leistung ohne Ende

Im Grunde genommen gibt es sehr viele verschiedenen Möglichkeiten, ein negatives Selbstschema zu kompensieren. Man könnte z. B. als Ausgleich

→ ein besonders fürsorglicher und liebevoller Familienvater werden;

➔ besonders religiös werden und gute Werke an seinen Mitmenschen tun;
➔ zur freiwilligen Feuerwehr gehen und viele Leben retten.

Man kann sein negatives Selbstschema auch dadurch kompensieren, daß man besonders erfolgreich bei Frauen ist: Man kann eine Liste anlegen, in der man einträgt, mit wie vielen Frauen man schon geschlafen hat. Unter dem Strich zeigt diese Liste, wie umwerfend und attraktiv man ist. Und in der Tat wird diese Möglichkeit auch von einigen Narzißten genutzt: Einer meiner Klienten gab einmal an, schon mit 3200 (!) Frauen geschlafen zu haben; eine Zahl, die auf ein gewaltiges Kompensationsbedürfnis hinweist (und auf wenig Zeit für andere Hobbys). Sehr wahrscheinlich weist es aber eher auf einen mangelnden Realitätsbezug hin, denn Narzißten neigen dazu, Erfolgsstorys frei zu erfinden oder sich bei Schilderungen schon mal etwas von der »Wahrheit« zu entfernen – wenn sie andere dadurch nur genügend beeindrucken können!

In unserer Gesellschaft ist die erfolgversprechendste Strategie zum Ausgleich eines negativen Selbstschemas allerdings *Leistung*: Für Leistung erhält man Anerkennung; persönlicher Erfolg läßt sich an Leistung messen; Intelligenz und besondere Fähigkeiten zeigen sich in Leistung; Leistung geht einher mit dem Erwerb von Statussymbolen. Daher wählen ca. 90% der Narzißten diese Strategie zur Kompensation ihres negativen Selbstkonzepts.

Um wirklich effektiv zu kompensieren, *müssen Sie Leistung als das Wichtigste in Ihrem Leben ansehen.* Leistung bringen, Erfolg haben, anerkannt werden ist für Sie weitaus wichtiger als Partnerschaft, als Freundschaften, als Kinder, als Ferien, als Hobbys. Arbeiten Sie soviel Sie nur können: Lassen Sie es nicht bei einem Achtstundentag bewenden! Nehmen Sie Arbeit mit nach Hause, machen Sie Überstunden, arbeiten Sie freiwillig mehr als Sie müssen! Arbeiten Sie auch am Wochenende: Was wollen Sie auf Gartenpartys, das eigentliche Leben spielt sich am Arbeitsplatz ab! Ihre Frau und Ihre Kinder müssen zufrieden sein, wenn Sie sich eine Stunde pro Tag für sie Zeit nehmen! Überlassen Sie den Zoobesuch mit den Kindern Ihrer Frau: Frauen sind sowieso geschickter in der Kindererziehung.

Und machen Sie pro Jahr höchstens zwei Wochen Urlaub: Das fällt Ihnen sicher leicht, wenn Sie sich klarmachen, wie unentbehrlich Sie im Büro sind! Sie wollen doch wohl Ihre wertvolle Zeit nicht allen Ernstes auf den Kanaren oder in der Karibik verschwenden!

Seien Sie in diesem Punkt äußerst konsequent: Lassen Sie sich auch dann nicht von Ihrer Arbeit abhalten, wenn Ihre Frau oder Ihre Kinder krank sind. Wozu hat man eine Schwiegermutter, die sich um die Kinder kümmern kann? Außerdem hat die nicht annähernd so viel zu tun wie Sie!

Ein weiterer, wichtiger Ratschlag lautet daher:

Geben Sie sich nie mit dem Erreichten zufrieden!

Wenn Sie ein Ziel erreicht haben, machen Sie sich klar, daß Sie damit das Minimum des Möglichen erreicht haben. Nun aber warten viele weitere Ziele auf Sie und Sie können keinesfalls glücklich und zufrieden sein, solange Sie diese Ziele nicht auch noch erreicht haben. Natürlich ist dieses Verhalten ein wenig anstrengend, und es könnte auch sein, daß Sie damit Ihre tatsächlichen Bedürfnisse vernachlässigen. Wer weiß, vielleicht sind Sie ja im Grunde Ihres Herzens eine faule Sau und sehnen sich nach Ruhe und Zufriedenheit. Schieben Sie solche Erwägungen weit von sich und machen Sie sich klar: Sich immer neue Ziele zu stecken macht das Leben erst spannend! Während andere in ihrem Leben festsitzen und sich zu Tode langweilen, sind Sie auf der Jagd nach Freiheit und Abenteuern! Anstrengend oder nicht: Es lohnt sich, ein Workaholic zu sein!

Machen Sie Karriere!

Leistung ist allerdings kein Selbstzweck, Sie leisten ja nicht etwa deshalb etwas, weil es Ihnen Spaß macht: Sie bringen Leistung, um erfolgreich zu sein! Streben Sie nach Karriere! Steigen Sie in Ihrem Beruf auf, ergattern Sie höhere Positionen, mehr Status, mehr Macht, mehr Ansehen, mehr Geld! Sie leben, um Karriere zu machen, das ist der eigentliche Sinn des Lebens. Lassen Sie sich bloß nicht von irgendwelchen asiatischen Philosophen einen Floh ins Ohr setzen: Nicht der Weg ist das Ziel; das Ziel ist das Ziel und das muß ganz klar vor Ihren Augen liegen! Lassen Sie sich auch nicht von Freunden oder gar Ihrer Partnerin belatschern, man könne doch auch kürzertreten, man habe jetzt doch genug Geld und man brauche doch nicht mehr als ein Haus: Auf eine weitere Karriere zu verzichten bedeutet im Grunde, auf der ganzen Linie zu versagen; nicht das Letzte erreicht zu haben bedeutet, gar nichts erreicht zu haben. Ein solcher Vorschlag ist daher völlig inakzeptabel.

Verbannen Sie Dünnbrettbohrer aus Ihrem Leben!

Es gibt immer wieder Leute, die versuchen, im Leben mit minimalem Aufwand maximal weit zu kommen. Das sind Leute, die versuchen, immer »die dünnsten Bretter zu bohren«. Wenn Sie sich klarmachen, wie sehr Sie sich anstrengen mußten, um es im Leben zu etwas zu bringen, und wie wenig Ihnen geschenkt wurde, dann ist klar, daß Sie derartige Dünnbrettbohrer auf den Tod nicht ausstehen können. Sie respektieren Leute, die es aus eigener Anstrengung zu etwas gebracht haben. Leute aber, die im Lotto gewonnen haben und nun den dicken Heini markieren, verachten Sie aus ganzem Herzen. Dieselbe Verachtung trifft Leute, die ihr Geld geerbt haben: Abgesehen davon, daß das ungerecht ist (Sie haben schließlich nichts geerbt), haben diese Leute auch nichts Nennenswertes geleistet: Damit steht ihnen auch keinerlei Anerkennung zu.

Das gilt auch für Leute, denen im Leben alles in den Schoß gefallen ist: reiche Eltern, müheloser Schulabschluß, Karriere durch Vermittlung des Vaters. Ekelhaft!

Machen Sie diese Leute nieder, wann immer sie Ihnen über den Weg laufen; betonen Sie, daß *Sie* Ihr Haus selbst erarbeitet haben und vor allem: daß Ihnen im Leben *nichts* geschenkt worden ist, daß Sie sich alles *hart* erarbeitet haben und daß Sie es trotz großer Widerstände *weit* gebracht haben!

Nutzen Sie Ihre Freizeit effektiv!

Wenn Sie den Ratschlägen so weit gefolgt sind, werden Sie leicht einsehen, daß Freizeit im Grunde Zeitverschwendung ist. Manchmal führt kein Weg daran vorbei, denn man braucht einfach eine gewisse Zeit, um sich zu regenerieren und wieder fit zu werden. Aber wenn man schon Freizeit machen muß, sollte man sie auch möglichst effektiv nutzen.

Wenn Sie Golf spielen, können Sie Ihre Zeit sinnvoll nutzen, indem Sie mit Geschäftspartnern spielen und während des Spiels einige Geschäftsabschlüsse tätigen. So können Sie problemlos das Angenehme mit dem Nützlichen verbinden. Sollten Sie Tennis spielen, können Sie den Sport nutzen, um sich selbst zu beweisen, wie gut Sie sind: Spielen Sie im Verein nicht einfach Tennis, um sich zu entspannen! Spielen Sie Tennis, um allen zu zeigen, daß Sie auch hier der Beste sind!

Nehmen Sie die Herausforderung an, Clubmeister zu werden, zeigen Sie den anderen, was eine Harke ist!

Sollten Sie in Ihrer Freizeit lesen, dann bitte keine Thriller: nicht John Grisham oder Tom Clancy oder andere »Schundliteratur«, denn dadurch gewinnen Sie nichts. Lesen Sie vielmehr Bücher, die Ihnen helfen, gebildet zu erscheinen, über die man reden kann, mit denen man »in« ist:

Machen Sie bei jeder Gelegenheit deutlich, daß Sie bildungsmäßig auf dem neuesten Stand sind und daß es kein Thema gibt, mit dem Sie sich nicht auskennen!

Und wenn Sie schon unbedingt Hobbys pflegen müssen, dann bitte solche, die Ihren Status haben: Sammeln Sie nicht einfach Briefmarken, sammeln Sie seltene etruskische Münzen! Sammeln Sie Dinge, auf die andere neidisch sind! Dinge, die man mit Stolz vorzeigen kann, für die man Anerkennung erntet!

Natürlich dürfen Sie auch entspannen und sich erholen. Aber Achtung: Verbinden Sie Erholung immer mit dem Ziel, wieder fit und leistungsfähig zu werden! Selbstverständlich gammeln Sie nicht einfach herum oder machen Freizeit der Freizeit wegen!

5 Ratschläge für die Meisterklasse

Die folgenden Ratschläge sind nun schon etwas für sehr fortgeschrittene Narzißten: Besser, Sie wagen sich erst daran, wenn Sie die Inhalte der vorhergehenden Kapitel beherrschen! Natürlich sollten Sie aber nicht in einem Anfängerstatus verharren: Erschließen Sie sich die volle Verhaltenspalette eines Narzißten. Diese umfaßt: Das Setzen und Durchsetzen von Regeln, das Definieren und Verteidigen von Territorien und, als Höhepunkt, die subtile Manipulation anderer Menschen. Apropos: Stören Sie sich nicht an dem Wort »Manipulation«. Es bedeutet lediglich, daß andere Menschen manchmal zu ihrem Glück gezwungen werden müssen bzw. daß ein starker und kompetenter Partner ihnen zeigt, wo's langgeht. Und Sie können dieser Partner sein! Scheuen Sie sich also nicht, Kontrolle auszuüben. Besser Sie üben Kontrolle aus, als Sie werden kontrolliert!

Setzen Sie Regeln!

Der erste und grundlegendste Aspekt der Ausübung von Kontrolle betrifft das Setzen von Regeln: *Sie* bestimmen, nach welchen Regeln das soziale Miteinander zu funktionieren hat und vor allem: nach welchen Regeln andere mit Ihnen umzugehen haben!

Führen Sie sich nochmals vor Augen,

- ➔ daß Sie in Ihrem Leben mehr geleistet haben als andere;
- ➔ daß Ihnen nichts geschenkt worden ist und Sie sich alles hart erarbeiten mußten;
- ➔ daß Sie viel erreicht und geschafft haben;
- ➔ daß andere oder die Allgemeinheit Ihnen dafür etwas schulden.

Und machen Sie sich nochmals deutlich,

- ➔ daß Sie außergewöhnlich sind;
- ➔ daß Ihnen deshalb Sonderbehandlungen und Sonderrechte zustehen;
- ➔ daß Ihre Zeit viel kostbarer ist als die Zeit anderer.

Daraus leitet sich ab, daß Sie berechtigt sind, *soziale Regeln zu definieren,* insbesondere Regeln, die sich auf Ihre Person beziehen. *Sie* bestimmen,

- ➔ wie sich andere Ihnen gegenüber zu verhalten haben;
- ➔ was andere zu tun und zu lassen haben;
- ➔ wie andere zu reagieren haben.

Wie andere miteinander umgehen oder wie »man« miteinander umgehen sollte, interessiert Sie im Grunde nicht. An allgemeinen Regeln oder gar an »Moral« sind Sie wenig interessiert: Moral ist etwas für Kleingeister; da stehen Sie Lichtjahre darüber. Die anderen sollen miteinander umgehen wie sie wollen; was zählt, ist, wie man mit *Ihnen* umgeht! Und das möchten Sie keinesfalls anderen überlassen, denn das könnte darauf hinauslaufen, daß andere mit Ihnen machen, was sie wollen! So geht das aber auf keinen Fall, das wäre ja noch schöner! Denken Sie also immer daran:

Sie bestimmen die Regeln!

Ihre Regeln können sich dabei auf die unterschiedlichsten Situationen und Personen beziehen. Dazu ein paar Beispiele.

Nehmen Sie an, Sie sitzen gemütlich in einem Restaurant und haben gegessen; nun wollen Sie zahlen und den Rest des Abends genießen. Dabei ist es völlig selbstverständlich, daß die Bedienung, die Sie bisher versorgt hat und die nun kassieren sollte, Ihren Regeln unterliegt. Schließlich sind Sie der Gast, und der Gast sollte im Mittelpunkt der Aufmerksamkeit von Kellnerinnen stehen. Sie wenden daher die Regel an: »Wenn ich in einem Restaurant sitze, hat die Kellnerin mir uneingeschränkte Aufmerksamkeit entgegenzubringen.« Und dazu gehört auch die Regel: »Wenn ich zahlen will, hat die Kellnerin sofort zu kommen und mich nicht warten zu lassen!« Sie beharren einfach darauf, daß Sie *sofort* bedient werden, ohne warten zu müssen, und vor allem, ohne es zweimal sagen zu müssen! Es ist auch völlig gleichgültig, was die Bedienung sonst noch zu tun hat: Sie hat gefälligst alles andere zurückzustellen: Die anderen Gäste gehören in die Warteschleife! Die Gültigkeit dieser Regel leitet sich daraus ab,

➔ daß Ihnen eine bevorzugte Behandlung ganz allgemein zusteht;

➔ daß Ihre Zeit kostbar ist;

➔ daß es eine Zumutung ist, Sie warten zu lassen;

➔ daß Sie wichtiger sind als andere Gäste.

Folgt die Kellnerin dieser Regel nicht, kommt sie nicht sofort, um zu kassieren, ist es Ihr gutes Recht, ärgerlich zu sein. Kommt sie sogar erst zehn Minuten nach der zweiten Aufforderung, haben Sie selbstverständlich das Recht, sie zur Schnecke zu machen. Sie setzen nämlich nicht nur Regeln, Sie setzen Regeln auch durch! Dann reagieren Sie unfreundlich, weisen sie auf den Fehler hin und geben kein Trinkgeld: Die Bedienung bekommt die ganze Härte Ihrer Strafe zu spüren!

Und lassen Sie sich nicht von der Gültigkeit Ihrer Regel abbringen. Bestehen Sie auf Ihrem guten Recht! Entschuldigen Sie die Bedienung nicht: Machen Sie sich *nicht* klar,

- ➔ daß Kellnerinnen auch mal etwas vergessen können;
- ➔ daß sie vielleicht Streß hat und mit der Arbeit nicht nachkommt;
- ➔ oder gar: daß es auch noch andere Gäste gibt, die bedient werden wollen!

Wenn Sie dieser Empathie-Masche folgen, ist das der Anfang vom Ende Ihrer Regeln; Mitleid und Verständnis führen dazu, daß Sie Ihre Regeln nicht mehr ohne Einschränkung durchsetzen können! Ihr ganzes System würde ins Wanken geraten!

Natürlich kann man auch Regeln aufstellen, von denen man weiß, daß man sie nicht oder nur zum Teil durchsetzen kann. So kann man z. B. die Regel aufstellen: »Wenn ich am Morgen zur Arbeit fahre und es eilig habe, dann müssen mir alle Verkehrsteilnehmer ausweichen und mich vorbeilassen!« Wenn dann vor Ihnen jemand mit 45 km/h durch die Stadt zockelt, werden Sie furchtbar wütend und regen sich auf: »Diese verdammten Schleicher gehören auf die Marskolonie!« Natürlich können Sie Ihren Vordermann nicht wirklich eliminieren (zumindest sollten Sie sich das nicht zur Gewohnheit werden lassen), aber Sie können sich ohne weiteres entsprechenden Phantasien hingeben. Sie können sich z. B. vorstellen, wie Sie aus dem Dach Ihres Wagens einen Killer-Laser ausfahren und den Vorausfahrenden zu einer Molekülwolke verdampfen. Das kann schon einigen Streß abbauen.

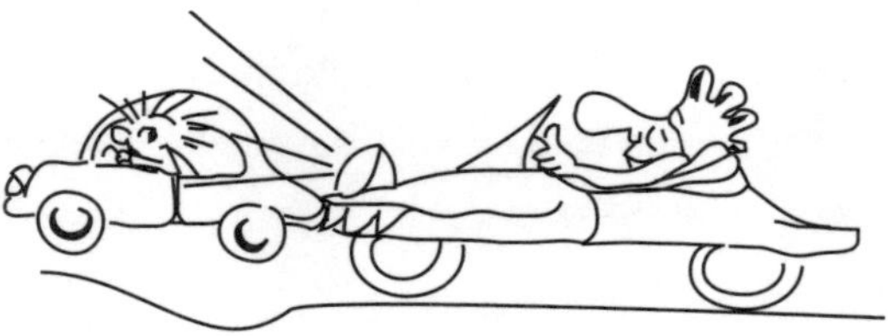

Wenn Sie Ihre Regeln diesbezüglich etwas weiterentwickeln wollen, stellen Sie doch ganz allgemein die Regel auf: »Wer mich behindert, stirbt!« Auch diese Regel läßt sich natürlich nicht wirklich durchsetzen; man kann dem aber schon sehr nahe kommen: So kann man den Wunsch verspüren, einen Radfahrer, der auf der Straße fährt und damit die freie Fahrt der freien Bürger behindert, obwohl sich neben der Straße ein Radweg befindet, umzufahren. Man kann ihn dann ganz knapp überholen und schneiden. Wenn Ihnen das riskant erscheint, sagen Sie sich einfach, daß er es selbst verschuldet und damit verdient hat: Schließlich zwingt ihn niemand, auf der Straße zu fahren.

Wenn jemand auf der Autobahn vor Ihnen auf der linken Spur dahinschleicht, blinken Sie ihn nicht einfach nur an: Bedrängen Sie ihn! Lassen Sie ihn spüren, daß Sie es ernst meinen! In solchen Situationen gilt für Sie:

Auf keinen Fall gelassen bleiben! Denn das würde bedeuten, daß Sie indirekt das schwere Fehlverhalten anderer tolerieren!

Wenn Sie schon nichts tun können, regen Sie sich wenigstens auf! Denn dadurch machen Sie auf alle Fälle klar, daß Sie eindeutig im Recht sind.

Als Narzißt neigen Sie ganz allgemein dazu, Verkehrsregeln als Empfehlungen zu betrachten. Dabei obliegt es Ihrer jeweiligen Entscheidung, ob Sie die Regeln für vernünftig halten oder nicht. Falls nicht, sind Sie natürlich berechtigt, sie zu ignorieren. Übrigens:

Leihen Sie sich von Sixt einen Lamborghini und stoßen Sie in ganz neue Bußgeld-Dimensionen vor; das sollten Sie sich wert sein!

Aber Vorsicht: Bedauerlicherweise hat die Polizei meist nur wenig Verständnis für Ihre Regeln. Polizisten glauben gelegentlich, sie seien die einzigen, die das Recht hätten, Regeln zu setzen, und auf dieser Meinung beharren sie dann auch ziemlich rigoros. Lassen Sie sich also nicht auf Machtkämpfe ein, wenn nur geringe Aussichten bestehen, daß Sie gewinnen.

Wichtig ist dabei, daß Sie Regeln flexibel und souverän einsetzen: Setzen Sie auf keinen Fall eine Regel, die immer und überall verbindlich ist, und setzen Sie vor allem keine Regel, an die Sie sich selbst halten müssen! Sie sind der Souverän! Und das bedeutet: Die Regel gilt immer da, wo Sie gerade sind! (Das ist auch der Unterschied zwischen Gott und Moses: Gott setzt die Regeln, kann sie aber jederzeit ändern; Moses befolgt die Regeln und setzt sie durch, steht aber keineswegs über den Regeln. Ergo: Das Vorbild von Moses taugt nicht für Sie.)

Um die Sache an einem weiteren Beispiel zu konkretisieren: Wenn Sie die Regel haben, daß man Fahrradfahrer »umnieten« sollte, wenn sie auf der Straße fahren, dann gilt diese Regel selbstverständlich nur, solange Sie im Auto sitzen. Sollten Sie dagegen zufällig auf dem Fahrrad sitzen und sollte ein Auto Sie bedrängen, gilt natürlich die Regel: »Drängelnde Autofahrer gehören vaporisiert!«

Was tun, wenn andere Ihre Regeln nicht nachvollziehen können?

Als Narzißt kann es Ihnen schon mal passieren, daß gewisse uneinsichtige Zeitgenossen die ein oder andere Ihrer Regeln nicht so richtig nachvollziehen können. Das ist natürlich höchst bedauerlich. Und obwohl es nichts weiter als die Kleingeisterei dieser Personen enthüllt, kommt man doch manchmal nicht umhin, die betreffende Regel zu erklären.

Dazu eignen sich Ausführungen, die man gemeinhin als »Rechtfertigungsepisoden« bezeichnet; Sie sollten sie aber besser »stichhaltige Argumente« nennen. Dazu nochmals zurück zu unserem Beispiel mit der Kellnerin: Stellen Sie sich vor, Sie machen eine Bedienung fertig, weil diese erst zehn Minuten nach der zweiten Aufforderung gekommen ist, um zu kassieren. Sie selbst finden Ihr Verhalten vollkommen in Ordnung und würden an sich nie darauf kommen, es zu begründen. Doch Ihre Kollegen verstehen Ihr Verhalten nicht. Sie kritisieren Sie dafür, daß Sie unfreundlich waren, wenig einfühlsam sind, sich »künstlich aufregen«

und »aus einer Mücke einen Elefanten machen«. Natürlich ist Ihnen diese Kritik unangenehm. Also müssen Sie Ihr Verhalten begründen, um die Kollegen auf Ihre Seite zu ziehen (selbstverständlich, ohne sich Ihre Betroffenheit anmerken zu lassen).

Also sagen Sie z. B.:

- »Aufmerksam zu sein gehört zum Beruf einer Kellnerin!«
- »Als Kellnerin läßt man niemanden warten!«
- »Wenn man das trotzdem tut, hat man beruflich völlig versagt!«
- »Dann bekommt man beruflich kein Bein mehr auf den Boden!«
- »Und diese Lektion kann ihr helfen, beruflich nicht zu versagen!«

Im Grunde waren Sie also gar nicht unfreundlich, sondern haben lediglich ein gutes Werk getan, sozusagen eine pädagogische Aufgabe erfüllt! Durch diese Strategie erreichen Sie außerdem,

- die Regel als allgemeingültige Regel erscheinen zu lassen
- und damit davon abzulenken, daß es *Ihre* Regel ist,

→ die Regel nicht als unverschämt, sondern als sinnvoll erscheinen zu lassen.

Wie Sie sehen, ist diese Strategie geradezu ideal: Sie macht nicht nur Ihre Überlegenheit, sondern auch Ihre Weisheit deutlich. Sollten Ihre Kollegen Ihnen diese Story abkaufen, haben Sie sie auf Ihrer Seite; vielleicht spielen Sie bald zusammen »heiteres Kellnerinnen-Jagen«.

Noch ein Beispiel: Sie haben die Regel aufgestellt: »Ich gewinne jedes Spiel. Gegebenenfalls haben die anderen mich gewinnen zu lassen.« Aufgrund dieser Regel reagieren Sie ausgesprochen gereizt und gekränkt, wenn Sie verlieren. Nun kann es sein, daß Ihren Mitspielern Ihr Verhalten mit der Zeit auf die Nerven geht; sie denken, daß Sie ein schlechter Verlierer sind, und wollen nicht mehr mit Ihnen spielen. Wiederum ist Ihnen diese Kritik sehr unangenehm; außerdem spielen Sie ja gerne. Also benötigen Sie auch hier wiederum eine Rechtfertigungsepisode, Pardon, einige stichhaltige Argumente. So sagen Sie Ihren Kollegen z. B.,

→ daß Sie gar nicht gewinnen wollten;

→ daß Sie einfach nur perfektionistisch seien und unter dem inneren Zwang stünden, alles perfekt machen zu müssen.

➔ Und wenn Sie Dinge perfekt machten, dann gewönnen Sie eben.

➔ Ein unerwünschtes Nebenprodukt Ihres Perfektionismus also, für den Sie nun wirklich nichts könnten und unter dem Sie ebenfalls litten.

Auf diese Weise lenken Sie die Aufmerksamkeit Ihrer Kollegen vom Gewinnen ab und auf Ihr eigenes Leiden: Glauben die anderen Ihnen die Story, erreichen Sie, daß man Sie für Ihre Siege bemitleidet. Und schon gibt es keinen schlechten Verlierer mehr: nur noch einen unglücklichen Gewinner.

Aber Vorsicht! Übertreiben Sie es aber nicht mit der Rechtfertigung! Rechtfertigen Sie sich nur, wenn es unbedingt notwendig ist und immer so kurz wie möglich! Lange Ausführungen erwecken leicht den Eindruck, Sie zweifelten selbst an der Berechtigung Ihrer Regeln! Einen solchen Eindruck zu vermitteln wäre aber fatal! Damit laden Sie andere geradezu ein, Ihre Regeln nicht zu befolgen oder zu kritisieren!

Hier noch ein paar weitere Regeln, die Ihnen das Leben erleichtern:

- → Wenn ich spreche, haben alle anderen zu schweigen!
- → Wenn ich spreche, haben mir alle anderen ihre ungeteilte Aufmerksamkeit zu schenken!
- → Wenn ich es eilig habe, hat man mich vorzulassen!
- → Man hat mich respektvoll zu behandeln!
- → Wenn ich jemanden um einen Gefallen bitte, hat der Betreffende meiner Bitte umgehend nachzukommen!
- → Wenn ich eine Anweisung gebe, hat der andere diese gerne auszuführen!
- → Wenn ich bedient werde, bekomme ich nur das Beste, ohne daß ich dies extra erwähnen muß!

Regeln in der Partnerschaft

Auch in Partnerschaften sollten Sie einige Regeln einführen. Spannend ist z.B. die Regel: »Der Partner hat mir meine Wünsche von den Augen abzulesen; sagen zu müssen, was ich will, ist bereits eine Zumutung!« Diese Regel ist vor allem deshalb spannend, weil sie zu höchst dynamischen Interaktionen führt: Ihr Partner wird diese Regel nämlich sehr wahrscheinlich für unsinnig und nicht praktikabel halten (ansonsten könnte er als Telepath in Perry Rhodans Mutantenkorps eintreten) und außerdem für unverschämt. Es wird ihm also gar nicht gelingen, sich an diese Regel zu halten, und er wird sich möglicherweise sogar weigern, es auch nur zu versuchen. Dann wird er aber wegen Nichteinhaltung der Regel bestraft. Er wird ärgerlich werden und sich noch vehementer weigern, Ihrer Regel zu folgen, was weitere Strafen nach sich zieht. Auf diese Weise entsteht eine Beziehung, in der das Versprechen eingelöst werden kann, das sich Jonathan und Jennifer Hart aus »Hart aber Herzlich« einmal gaben: Unsere Beziehung wird nie langweilig!

So weit sollten Sie es aber gar nicht erst kommen lassen: Machen Sie Ihrem Partner unmißverständlich klar, daß er Ihre Wünsche kennen würde, wenn er Sie richtig liebte, und daß es zum Teufel wirklich nicht so schwer sein könne, sich in Sie hineinzuversetzen!

Beanspruchen Sie Sonderrechte!

Aufgrund der Tatsache,

- daß Sie etwas ganz besonderes geleistet haben,
- daß Sie sich das Erreichte hart verdient und erarbeitet haben
- und Ihre Zeit kostbarer ist als die Zeit jedes Durchschnittsbürgers,

stehen Ihnen *Sonderrechte* zu. Diese Sonderrechte sind vielfältig und gelten in allen Lebenslagen. Sonderrechte sind etwas anderes als Regeln:

Regeln stellen Sie auf, aber Sonderrechte stehen Ihnen zu.

Jeder sollte diese Sonderrechte kennen und fraglos akzeptieren. So steht es Ihnen beispielsweise im Krankenhaus selbstverständlich zu, vom Chefarzt persönlich behandelt zu werden. Lassen Sie sich auf keinen Fall mit einem Assistenzarzt abspeisen! Der Chefarzt hat für Sie da zu sein, ganz egal, ob Sie abends oder am Wochenende eingewiesen werden! Es wäre ja noch schöner, wenn jeder Kurpfuscher an Ihnen rumdoktern dürfte!

Ein weiteres Beispiel: Beim Einkaufen im Supermarkt steht Ihnen das Recht zu, an der Kasse vorgelassen zu werden. Bedauerlich ist allerdings, daß viele Leute nicht einsehen, ja nicht einmal erkennen, daß Sie etwas Besonderes sind. Und deshalb gibt es immer wieder Ignoranten, die sich beschweren, wenn Sie von Ihren Rechten Gebrauch machen und die Schlange umgehen. Immer wieder müssen Sie sich proletenhafte Kommentare anhören, wie: »Stellen Sie sich gefälligst hinten an wie jeder!« Als ob Sie jeder wären! Manchen Leuten sind selbst die trivialsten Wahrheiten nur schwer zu vermitteln.

Angenommen, Sie haben einen Unfall und brauchen einen Leihwagen. Sie bestellen einen Omega und stellen dann fest, daß man einen Astra für Sie bereitgestellt hat. Lassen Sie sich diese Abwertung nicht gefallen! Es ist einfach unter Ihrer Würde, in einen Astra auch nur einzusteigen! Machen Sie das dem Mann vom Service unmißverständlich klar! Sie haben das Recht, das Auto zu bekommen, das Ihnen zusteht! Machen Sie notfalls eine Szene! Das muß Ihnen auch in gar keiner Weise peinlich sein, denn die alleinige Verantwortung dafür trägt der Autovermieter.

Von ganz besonderer Bedeutung sind Sonderrechte in der Partnerschaft. Machen Sie Ihrem Partner von Anfang an klar: Es gilt keinesfalls »gleiches Recht für alle«. Selbstverständlich sollte sein, daß Sie von trivialen, niederen Tätigkeiten befreit sind, wie:

➔ Müll rausbringen,
➔ aufräumen,
➔ spülen,
➔ putzen.

Das sind Tätigkeiten, die weder mit Ihrem Status noch mit dem reinen Wert Ihrer Zeit vereinbar sind. Darüber hinaus sollte klar sein, daß die vornehmste Aufgabe Ihrer Partnerin oder Ihres Partners darin besteht, Ihnen den Rücken freizuhalten: »Den Rücken freihalten« heißt: für den Haushalt sorgen, einkaufen, kochen, Sie ganz allgemein nicht mit den Aufgaben des täglichen Lebens zu belästigen, aber auch für Ausgleich zu sorgen: für ein schönes (und repräsentatives) Heim, für einen angenehmen Feierabend, für guten Sex und für andere Annehmlichkeiten des Lebens. Und Sie können natürlich erwarten, daß Ihr Partner das nicht nur widerspruchslos tut, sondern vor allem, daß er es *gern* tut! Dem Partner ist es eine Ehre, Ihnen dienen zu dürfen (wie Chi zu James Bond sagt: »Es ist mir eine Ehre, unter Ihnen zu arbeiten!«). Er tut damit etwas Besonderes und außerdem: Ein Stück Ihres Glanzes fällt auch auf ihn.

Wenn Sie es schaffen, den Partner nicht nur dazu zu bringen, daß er das alles für Sie tut, sondern sogar dazu, daß er es gerne tut, gehören Sie bereits zur Meisterklasse der Narzißten. Denn dann sind Ihre Fähigkeiten, Interaktionspartner zu manipulieren, sehr gut ausgeprägt. Sie verstehen es, dem Partner ein Gefühl von Wichtigkeit zu geben, davon, etwas ganz Besonderes zu tun, ja, etwas ganz Besonderes zu sein! Ihr Partner ist Ihr Vertrauter, Ihr Mitwisser, Ihr Berater. Sie teilen nicht nur Ihre Erfolge mit ihm, sondern auch Ihre Sorgen; Sie binden ihn in Ihre Karriere ein. Auf diese Weise baut Ihr Partner eine enge Bindung zu Ihnen auf, was zur Folge hat, daß er einiges auf sich nehmen wird, um Sie nicht zu verlieren. Es wird ihm schließlich gar nicht mehr auffallen, daß Sie Sonderrechte haben, und das ist die beste Voraussetzung dafür, eine Rebellion zu verhindern.

Betreten verboten!

Als richtiger Narzißt sollten Sie ein ausgeprägtes *Territorialverhalten* entwickeln. Das bedeutet, Sie definieren einen bestimmten Lebensbereich als *Ihr* ureigenes Territorium, als *Ihr* »Reich«, in dem Sie allein bestimmen und das Ihnen ganz allein gehört. Das bedeutet,

➔ daß niemand etwas darin zu suchen hat, es sei denn, Sie *wollen* jemanden als Gast darin empfangen;

➔ daß in diesem Territorium ausschließlich Sie bestimmen, es sei denn, Sie geben jemandem ein paar Rechte ab;

➔ räumen Sie anderen in Ihrem Territorium irgendwelche Rechte ein, können Sie ihnen diese jederzeit wieder entziehen: *Sie* sind der Souverän.

Beginnen Sie mit folgenden Bereichen und definieren Sie diese als Ihr Territorium:

➔ Ihren Schreibtisch: Niemand hat das Recht, ihn aufzuräumen, Sachen darauf zu legen oder gar Dinge zu entfernen!

➔ Ihre Post: Niemand darf sie öffnen oder lesen!

➔ Ihr Zimmer: Niemand darf es betreten oder ohne Erlaubnis darin etwas verändern!

➔ Ihr Auto: Niemand darf es fahren oder gar beschädigen!

Richtig spannend wird es aber erst dann, wenn Sie auch solche Bereiche als Ihr Territorium betrachten, die genaugenommen gar nicht Ihnen allein gehören.

Als echter Narzißt verhalten Sie sich in diesen Fällen absolut kompromißlos. So definieren Sie z. B. Ihren Stammplatz in der Cafeteria als Ihr Territorium: Wenn Sie mit einem vollen Tablett zum Tisch kommen und es sitzt jemand auf »Ihrem« Platz, stellen Sie sich einfach hinter ihn und sagen: »Das ist mein Platz!« Dann bleiben Sie stehen, bis der Betreffende aufsteht und geht. Es ist Ihnen völlig egal, ob er den Platz gerne oder nur widerwillig räumt: Hauptsache, er verläßt ihn. Ein Tip in dieser Sache: Verzichten Sie darauf, Ihr Territorium durch Anpinkeln zu markieren, das könnte dann doch einige Leute arg befremden. Definieren Sie auch auf Konferenzen einen der Stühle als »Ihren Stuhl« und scheuchen Sie Kollegen weg, die die Dreistigkeit haben, sich daraufzusetzen!

Sollten Sie an Ihrem Arbeitsplatz über reale Macht verfügen, können Sie auch Ihre Mitarbeiter als Ihr Territorium betrachten. Gehen Sie einfach davon aus, daß

Ihre Mitarbeiter einzig und allein dazu da sind, Ihnen zuzuarbeiten und Dinge zu tun, die *Ihrem* Fortkommen und *Ihrem* Ruhm dienen: Die anderen machen die Arbeit, Sie stecken das Lob dafür ein; die anderen schuften, Sie schreiben die Bücher; die anderen sind kreativ, Sie stellen die Entwürfe in Gremien vor. Es ist bloß ein Gerücht, daß die Sklaverei abgeschafft sei, sie hat lediglich ihr Gesicht liften lassen; man erkennt sie fast nicht wieder, aber eben nur fast. Geben Sie ganz allgemein die Devise aus:

Wer nicht für mich ist, der ist gegen mich!

Wenn Sie über reale Macht verfügen, müssen Sie sich nicht groß um Ihre Mitarbeiter kümmern, müssen sie nicht kennen, sich nicht für sie interessieren und keine Beziehung zu ihnen aufbauen; kurz: Sie müssen sich nicht empathisch verhalten! Sie müssen sich auch nicht überlegen, wie Ihre Anweisungen wohl auf Ihre Mitarbeiter wirken oder wie Sie von ihnen gesehen werden:

Ihre Mitarbeiter müssen Sie nicht lieben, es reicht, wenn sie Sie fürchten.

Daher ist jede Form von Empathie blanker Unsinn: Wenn Sie Ihre Mitarbeiter gut kennen, verstehen und schätzen, sind Sie schließlich nicht mehr in der Lage, Anweisungen zu geben. Vor allem werden Sie dann zögern, unangenehme Anweisungen zu geben. Und damit stehen Sie sich nur selbst im Weg. Also: Distanz zu den Mitarbeitern! Keine persönlichen Beziehungen! Und vor allem: kein Empathie-Gesäusel und Verständnis-Gesülze! Macht hat man, indem man sie ausübt!

Besonders interessant wird es, wenn Sie Ihren Partner oder Ihre Partnerin als Ihr Territorium betrachten, als etwas, das Ihnen gehört und über das Sie zu bestimmen haben.

✗ Auch hierzu einige praktische Tips:
Fangen Sie an, Ihren Partner zu kontrollieren, denn Sie müssen ja schließlich wissen, was auf Ihrem Territorium passiert. Werden Sie massiv eifersüchtig auf jeden potentiellen Eindringling und beginnen Sie damit, Ihrem Partner oder Ihrer Partnerin Vorschriften zu machen (»Sprich nicht mit X!«, »Geh nicht zur Fete Y!«).

Solange Ihr Partner sich Ihrer Definition anschließt, sich also selbst als Ihr Territorium betrachtet, läuft alles weitgehend unproblematisch. Eine gewisse Dynamik entwickelt sich erst, wenn Ihr Partner der Meinung ist, er gehöre sich selbst und könne über sein Leben selbst frei entscheiden. Dann sind spannende Konflikte vorprogrammiert:

- ➔ er will sich nicht kontrollieren lassen und reagiert auf entsprechende Versuche verärgert;
- ➔ er trifft eigenwillige Entscheidungen, ohne Sie zu informieren.

Als Narzißt reagieren Sie darauf ungehalten; Sie sind gekränkt, weil der andere Ihre Regeln bricht, Sie ausschließt und aus Ihrem Territorium vertreibt oder jemand anderen in Ihr Territorium einläßt. Das können Sie nicht ertragen, das macht Sie rasend, Sie müssen die Oberhand und die Kontrolle behalten! Notfalls gewinnen Sie die Kontrolle wieder, indem Sie zu manipulativen Strategien greifen.

Manipulieren Sie andere!

Ein Wort vorneweg: Manipulative Strategien sind den Meistern unter den Narzißten vorbehalten. Greifen Sie zu diesen Strategien erst, wenn Sie sie gründlich geübt haben und sicher beherrschen. Ihre Handhabung will nämlich gekonnt sein; falls Sie dilettantisch zu Werke gehen, kann die Sache gehörig schieflaufen!

Kurz zum Begriff »Manipulation«: Von Manipulation spricht man dann, wenn man ein bestimmtes Ziel erreichen möchte und zu diesem Zweck Strategien anwendet, die der Interaktionspartner nicht durchschaut. Ihr Partner wird zu etwas veranlaßt, das er nicht wirklich einschätzen kann, und kann sich deshalb auch nicht für oder gegen Ihr Verhalten entscheiden. Der Verlust der Wahl- und Entscheidungsfreiheit ist das Manipulative an dieser Strategie. Insofern sind bestimmte Strategien, objektiv betrachtet, eindeutig manipulativ und daran gibt es faktisch auch gar nichts zu rütteln.

Wie man diese Strategien bewertet, ist freilich eine andere Sache. Man könnte solche Strategien für moralisch verwerflich halten. Man kann sie aber auch für völlig angemessen halten, wenn man sich klarmacht, daß manche Menschen einfach zu ihrem Glück gezwungen werden müssen. Es gilt einfach zu bedenken, daß Sie oftmals derart komplexe und hehre Ziele verfolgen, daß Sie diese einem Durchschnittsbürger ohnehin nicht wirklich vermitteln könnten. Was soll also ernsthaft gegen ein bißchen Manipulation sprechen? Nun aber zur Praxis der manipulativen Strategien!

Wenn Sie jemanden manipulieren wollen, müssen Sie zunächst eine Bindung zu der jeweiligen Person herstellen: Hat jemand eine Bindung zu Ihnen aufgebaut, wird er einiges für Sie tun und Sie können ihm auch einiges zumuten. Bindung aufzubauen bedeutet: Sie müssen es erreichen, daß Sie einer anderen Person wichtig sind.

✗ Hierzu einige praktische Ratschläge:

Versichern Sie einer Person, daß sie Ihnen viel bedeutet. Tun Sie das, indem Sie diese Person loben und positiv definieren (»Du bist toll!«; »Das machst Du großartig!«; »Du bist die Schönste!«), ihr Geschenke machen und sie überraschen.

Ziehen Sie die andere Person ins Vertrauen: Teilen Sie Geheimnisse mit ihr, lassen Sie sie an Entscheidungen teilhaben, fragen Sie sie um Rat. Verbringen Sie Zeit mit der Person, gehen Sie mit ihr aus, besuchen Sie Partys und gehen Sie mit ihr essen.

Zeigen Sie Interesse für die Person: Hören Sie ihr aufmerksam zu, Interessieren Sie sich für ihre persönliche Geschichte, nehmen Sie an ihrem Leben teil.

Zeigen Sie Verständnis für die andere Person: Versetzen Sie sich in sie hinein, verstehen Sie ihre Ziele, Wünsche und Sehnsüchte, verstehen Sie, warum sie etwas tut oder nicht tut. Verhalten Sie sich komplementär zu den Wünschen und Sehnsüchten der Person: Wenn sie Aufmerksamkeit möchte, geben Sie ihr Aufmerksamkeit; wenn sie wegen ihres Aussehens unsicher ist, loben Sie ihre Erscheinung; wenn sie an ihrem Können zweifelt, loben Sie ihre Fähigkeiten; wenn sie auf dem Romantik-Trip ist, zünden Sie ein paar Kerzen an.

Kurzum: Sie verhalten sich so, daß die andere Person ein positives Image von Ihnen aufbaut: Geben Sie sich hilfsbereit, verläßlich, vertrauenswürdig, verständnis- und humorvoll. Sobald Sie eine Bindung aufgebaut haben, stellen Sie ganz allmählich und unauffällig Ihre Forderungen: »Könntest Du mal dies für mich tun?«; »übernimmst Du mal jenes?« Stellen Sie Ihre Forderungen ganz behutsam, ganz beiläufig, als Kleinigkeiten, die man mal eben nebenbei erledigen kann: Man nennt dies die »foot-in-the-door-technique«. Wenn Ihr Partner darauf einsteigt (und warum sollte er nicht, er merkt ja nicht, was läuft), erhöhen Sie ganz allmählich die Dosis: Sie übertragen ihm ein paar Aufgaben mehr, geben ihm einige Aufträge öfter. Gleichzeitig loben Sie ihn dafür, daß er etwas für Sie tut; Sie danken ihm, denn er hat Ihnen ja so sehr geholfen. Auf diese Weise nutzen Sie die mühsam aufgebaute Bindung allmählich aus, so lange, bis der Interaktionspartner beginnt, Widerstand zu leisten. Dann müssen Sie entweder weitere Forderungen zurückstellen oder die Strategie wechseln.

Dieses »Einschleichen« funktioniert z.B. gut mit Arbeitskollegen: Nachdem man diese ausreichend gefüttert hat, beginnt man ganz harmlos, ihnen ein paar Aufgaben zu übertragen, und steigert dann ganz allmählich die Dosis. Wichtig ist dabei, sie kontinuierlich weiterzufüttern: Das ist der Preis, den man dafür zahlen muß, daß man keine reale Macht hat. Verfügt man hingegen über Macht, kann man auf diese Subtilitäten verzichten; wie Sie dann vorgehen, wissen Sie ja bereits.

Das Sahnehäubchen der hohen Kunst der Manipulation: Vermitteln Sie anderen den Eindruck, etwas ganz Besonderes zu tun. Übertragen Sie einem Kollegen eine

Aufgabe mit den Worten: »Das ist eine Aufgabe, die man nur jemandem geben kann, der besonders vertrauenswürdig ist. Deshalb bitte ich Dich darum.« Versuchen Sie, ihm das Gefühl zu geben, »erwählt« worden zu sein. Wenn Ihnen das gelingt, wird Ihnen der Kollege aus der Hand fressen.

In der Beziehung zu Ihrem Partner gehen Sie genauso vor. Auch hier schaffen Sie Bindung und führen dann Ihre Anliegen ganz allmählich ein, bis Ihr Partner genau das tut, was Sie von ihm möchten. Bei Partnern gibt es noch eine spezielle Strategie:

- ➔ Sie machen Ihrem Partner klar, daß Sie ja nur seinetwegen die ganze Schinderei für die Karriere auf sich nehmen;
- ➔ daß Sie ja nur seinetwegen das ganze Geld verdienen; und
- ➔ daß Ihr Partner ja Anteil an Ihrem Erfolg hat.

Ein Teil Ihres Glanzes fällt also auch auf ihn. Er macht gewissermaßen mit Ihnen Karriere. Dafür kann man schon mal ein paar Kosten auf sich nehmen! Diese Strategie ist im allgemeinen sehr effektiv. Gelegentlich empfiehlt es sich allerdings, ihr durch gewisse ergänzende Strategien mehr Wirkung zu verleihen. Eine solche Strategie ist das sogenannte »Blöd-Spiel«. Sollten Sie von einer Pflicht, Aufgabe oder Bitte befreit werden wollen, versichern Sie Ihrem Partner,

- ➔ daß Sie die entsprechende Tätigkeit nicht beherrschen;
- ➔ daß Ihr Partner sie dagegen ausgezeichnet beherrscht
- ➔ und daß derjenige, der sie gut beherrscht, den Job auch erledigen sollte.

In diesem Sinne hier noch ein paar Ratschläge, die Ihnen den Alltag erheblich erleichtern können. Sagen Sie z. B.

- ➔ »Schatz, weißt Du, ich kann die Spülmaschine nicht bedienen. Ich finde, Du machst das ganz prima, Du solltest das machen!«
- ➔ »Weißt Du Schatz, ich kann mich dem Finanzbeamten gegenüber nicht gut durchsetzen. Wenn ich das trotzdem versuche, verlieren wir womöglich Geld. Du kannst das viel besser als ich, ruf Du an!«
- ➔ »Schatz, wenn ich Formulare für die Steuererklärung ausfüllen muß, verschwimmt mir alles vor den Augen. Du kannst das doch schnell mal machen!«

Wenn Ihr Partner sich hartnäckig weigert, Ihrem Wunsch zu entsprechen, hilft das sogenannte »Arme-Schwein-Spiel«. Bei diesem Spiel appellieren Sie an das Mitleid Ihres Partners, mit anderen Worten: Sie drücken kräftig auf die Tränendrüsen.

Wenn Sie z. B. etwas partout nicht tun wollen, sagen Sie: »Schatz, ich würde es ja gern tun, aber ich habe leider rasende Kopfschmerzen. Aber wenn Du meinst, ich sollte es trotzdem tun ...« Stellen Sie sich als leidend, hilflos, beeinträchtigt, d. h. als »arm dran« dar, so daß Ihr Partner sich wie ein Unmensch vorkommt, wenn er trotzdem bestimmte Dinge von Ihnen verlangt. Hilfreich sind hier besonders chronische Rückenschmerzen, denn erstens sind diese medizinisch kaum objektivierbar und zweitens behindern sie stark bei Hausarbeiten, beim Spülen (das geht besonders in den Rücken!), beim Rasenmähen, aber auch beim langen Einkaufen im Supermarkt. Was immer gut ankommt, sind Kreislaufprobleme, insbesondere Schwindel: Man kann nicht lange stehen, größere Anstrengungen können einem auf keinen Fall zugemutet werden. Falls Ihr Partner hier ungehalten reagiert, kann man auch schon mal im Supermarkt umkippen. Spätestens dann bekommt Ihr Partner ein schlechtes Gewissen und gibt nach.

Notfalls steht Ihnen auch noch das Spiel »immer ich« zur Verfügung. Sollte der Partner partout nicht einsehen, daß Sie vom Schicksal arg gebeutelt sind, und es weiterhin ablehnen, sich angemessen um Sie zu kümmern, machen Sie ihm klar, in welch gigantischem Ausmaß Sie systematisch beeinträchtigt werden:

- ➔ Wer fährt in die Stadt und bekommt keinen Parkplatz? Sie!
- ➔ Wer bekommt im Restaurant sein Essen immer als Letzter? Sie!
- ➔ Wer gewinnt nie im Lotto? Sie!
- ➔ Wer muß eine Steuernachzahlung leisten? Sie!
- ➔ Und wer hat zu allem Überfluß auch noch eine Reifenpanne und das im Regen? Natürlich Sie!

Daraus folgt, daß Sie besonders gepflegt und gehätschelt werden müssen: keine Anstrengung mehr, keine Aufregung und auf gar keinen Fall irgendwelche Anforderungen! Jeder muß doch wohl einsehen, daß Sie bis an die Grenze des Zumutbaren belastet sind und daß man Ihnen auf gar keinen Fall noch mehr aufhalsen darf!

6 Beziehungs-gestaltung

Um ein richtiger Narzißt zu werden, müssen Sie lernen, Ihre persönlichen Beziehungen in besonderer Weise zu gestalten. Haben Sie das geschafft, durchdringt der narzißtische Stil schließlich Ihr gesamtes Leben.

Partnerschaft

Sie haben bereits gelernt, daß Sie persönliche Beziehungen danach eingehen sollten, wie sehr Ihnen Ihr Partner oder Ihre Partnerin den Rücken freihält, Sie unterstützt, bewundert und bestätigt. Das bedeutet, Sie wählen Ihren Partner danach aus, in welchem Maße er sich zu Ihren Wünschen komplementär verhält und wie stark Sie ihn manipulieren können. Ideal ist hier ein Partner mit dependentem Persönlichkeitsstil, d. h. ein Partner, der sich Ihnen unterordnet und uneingeschränkt für Sie da ist. Allerdings sollte er wiederum so autonom sein, daß man ihn vorzeigen kann, also keine graue Maus!

Männer mit einem narzißtischen Stil stecken daher oft in einem Dilemma: Einerseits wollen sie eine »starke Frau«, die etwas darstellt und mit der man angeben kann; andererseits stellt eine »starke Frau« jedoch auch eine Konkurrentin dar, die sich keineswegs alles gefallen läßt. Daher werden Sie sich wahrscheinlich genötigt sehen, Kompromisse zu machen; eine Brunhilde jedenfalls könnte auf die Dauer gefährlich werden.

Wichtig für einen Narzißten ist die Nähe-Distanz-Regulation. Einerseits braucht ein Narzißt Nähe: Er möchte, daß sich jemand ganz an ihn schmiegt, ganz für ihn da ist, ihm ganz zur Verfügung steht. Auf der anderen Seite benötigt der Narzißt jedoch Souveränität, Bewegungs- und Entscheidungsfreiheit und somit Distanz. Daraus folgt für Ihr Verhältnis zu Ihrem Partner:

Lassen Sie sich, von gelegentlichen »Phasen der Verschmelzung« abgesehen, nie ganz auf eine Beziehung ein!

Gehen Sie vielmehr davon aus,

→ daß eine Beziehung so lange hält, wie sie hält;
→ daß sie so lange hält, wie sie gut ist;
→ daß sie jederzeit austauschbar ist.

Machen Sie sich also nie von Ihrem Partner oder Ihrer Partnerin abhängig, denn dadurch werden Sie kontrollier- und manipulierbar. Stellen Sie sicher, daß Ihr Partner immer mehr in Sie verliebt ist als Sie in ihn, denn wer stärker verliebt ist, ist in der Beziehung der Schwächere. Wenn Sie diesen Rat beherzigen, stehen Sie immer ein wenig über der Beziehung: Wenn die Beziehung Ihnen nicht gibt, was Sie erwarten, beenden Sie sie und nehmen sich einen neuen Partner. Beziehungen sind sowieso nichts für die Ewigkeit. Machen Sie es so wie der Imperator in »Flash Gordon«: Schwören Sie, daß Sie Ihren Partner oder Ihre Partnerin nicht eher in den Weltraum schießen, ehe Sie seiner bzw. ihrer überdrüssig sind.

✗ Hier zwei wichtige Ratschläge:
Bewahren Sie unter allen Umständen Ihre Autonomie! Behalten Sie Ihr eigenes Konto und damit die Kontrolle über Ihr Vermögen! Behalten Sie auch möglichst eine eigene Wohnung oder zumindest einen eigenen Bereich, ein eigenes Territorium!

Selbstverständlich dürfen Sie auch verliebt in die Ehe gehen. Das sollte Sie aber keinesfalls von der Ausfertigung eines Ehevertrages abhalten. Denken Sie immer daran, wieviel Spielraum Sie brauchen, und legen Sie sich von Anfang an eine Exit-Strategie bereit. Die Annahme, daß der Tod einen scheidet, ist etwas für hoffnungslose Romantiker oder gläubige Katholiken, mit der Realität hat das nichts zu tun (es sei denn, Sie oder Ihr Ehepartner fallen im ersten Ehejahr vom Baugerüst). Echte Narzißten schließen daher nicht nur Eheverträge, sie gehen auch *emotional* nie ohne Vorbehalt in eine Beziehung. Sich heftig zu verlieben empfinden sie tendenziell als Bedrohung; sie antizipieren die Gefahr, Kontrolle und Autonomie zu verlieren.

Freunde

Der Freundeskreis eines Narzißten gliedert sich in zwei Bereiche, einen »inneren Orbit« und einen »äußeren Orbit«. Der »innere Orbit« besteht aus einer sehr kleinen Schar (höchstens drei!) enger Vertrauter. Dabei handelt es sich um Personen, die den Narzißten nicht bedrohen, mit denen er (aus welchen Gründen auch immer) nicht konkurriert, von denen er glaubt, daß sie ihn nicht kritisieren oder gar abwerten und daß sie mit Informationen, die sie von ihm erhalten, sorgfältig umgehen und diese nicht gegen ihn verwenden. Diese Personen verstehen den Narzißten: Sie können sich in ihn hineinversetzen, seine Gedanken, Vorstellungen und Wünsche nachvollziehen und sie bestätigen ihn (zumindest zu einem großen Teil). Es muß sich dabei nicht unbedingt um Personen handeln, die ihn bewundern: Hier kommen auch »peers« in Frage, also Personen, die den Narzißten respektieren und die umgekehrt von ihm respektiert werden. Es liegt auf der Hand, daß es von solchen Beziehungen immer nur wenige geben kann. Daher lautet ein wichtiger Ratschlag für Sie als Narzißt in spe:

Legen Sie sich ein bis zwei enge Freunde zu, mit denen Sie reden können, mit denen Sie auch Geheimnisse austauschen und von denen Sie sich verstanden fühlen.

Nach der inneren Umlaufbahn kommt lange Zeit nichts und erst dann folgt der »äußere Orbit«: Dieser wird gebildet durch eine große bis sehr große Zahl relativ oberflächlicher Bekannter. Dabei handelt es sich um Personen, mit denen der Narzißt ab und zu Kontakt hat, die er jedoch nicht ins Vertrauen zieht und die er nicht an seinem »Innenleben« teilhaben läßt. Vielmehr macht er diesen Personen gegenüber »Images« auf bzw. präsentiert Bilder von sich: als erfolgreicher Manager, als weitgereister Gebildeter, als verständiger, weltoffener Mensch, der gut zuhören kann und dem kein Thema fremd ist, kurzum: als jemanden, den man respektiert und bewundert. Das ist auch die Hauptfunktion dieser Personen: Sie bewegen sich wie Planeten auf Umlaufbahnen um die zentrale Sonne (bzw. Sie). Mit diesen Leuten kann man Spaß haben, lachen und etwas unternehmen. Narzißten brauchen diese Personen, die sie in sicherem Abstand »umkreisen«. Legen Sie sich als angehender Narzißt ebenfalls eine Schar solcher Trabanten zu!

Aber Vorsicht! Halten Sie diese Leute auf Distanz. Geben Sie nur das von sich preis, was Sie in einem guten Licht erscheinen läßt! Jede Art von intimer Information ist geheim!

Kinder

Die Beziehung des Narzißten zu seinen eigenen Kindern kann sehr unterschiedlich sein. Narzißten können durchaus verständnisvolle und fürsorgliche Eltern sein. Narzißten können jedoch auch etwas tun, von dem ich

Ihnen nachdrücklich abrate; nicht einmal im Spaß würde ich Ihnen das empfehlen.

Narzißten tun häufig das, was man als »narzißtische Ergänzung« bezeichnet. Damit ist gemeint, daß man z. B. andere Personen als Teil des eigenen Selbst definiert, etwa dadurch, daß man den Erfolg der eigenen Kinder sich selbst zuschreibt. Narzißten erwarten daher von ihren Kindern, daß sie großartig sind: sehr gut in der Schule, sehr gut erzogen, vorbildlich in der Gemeinschaft, erfolgreich und charmant. Damit kann der Narzißt wieder angeben: Das ist *mein* Kind, das sind *meine* Gene, das ist ein Teil von *mir*, das zeigt wieder, wie gut *ich* bin! Auf diese Weise werden die Kinder jedoch funktionalisiert: Ihre Funktion besteht darin, den Narzißten noch großartiger erscheinen zu lassen. Oft kommt ein weiteres Problem dazu: Einerseits findet der Narzißt es toll, wenn seine Kinder erfolgreich sind; andererseits kann er aber auch auf ihren Erfolg neidisch werden. Diese Mischung führt manchmal dazu, daß Narzißten ihre Kinder ständig anstacheln, kritisieren und abwerten:

- ➔ Das kannst du noch nicht;
- ➔ das war nicht gut genug,
- ➔ da hättest du dich mehr anstrengen können.

Umgekehrt schaffen es Narzißten in der Regel nicht, ihre Kinder zu loben und anzuerkennen. So geraten die Kinder zunehmend unter Druck und emotional in eine Bringschuld: Sie kommen sich unzulänglich vor, haben den Eindruck, sie würden den Standards nie gerecht, verfehlten ständig die gesteckten Ziele. Damit erweist sich diese Erziehungspraktik als nicht sehr glücklich. Daher sollten Sie an dieser Stelle, zugunsten Ihrer Kinder, den Vorgehensweisen von Narzißten ausnahmsweise *nicht* folgen.

7 Typen von Narzißten

Innerhalb des narzißtischen Persönlichkeitsstils gibt es eine Reihe von Variationsmöglichkeiten:

Man kann auf weit mehr als nur eine Art und Weise narzißtisch sein.

Dieses Kapitel enthält Vorschläge, wie Sie den narzißtischen Stil konkret ausgestalten können. Sie können dann wählen, was für eine Art von Narzißt Sie gerne wären.

Zunächst kann man unterscheiden zwischen erfolgreichen und erfolglosen Narzißten. Erfolgreiche Narzißten sind solche, denen eine effektive Kompensation ihres negativen Selbstschemas gelungen ist (obwohl sie selbst das selbstverständlich nicht so wahrnehmen). Erfolglose Narzißten sind dagegen solche, denen diese Kompensation nicht gelungen ist: Sie haben keinen Erfolg, haben keine Karriere gemacht, haben nichts vorzuweisen. Bei ihnen verläuft die Kompensation ausschließlich in der Phantasie. Innerhalb dieser beiden Gruppen gibt es dann wieder unterschiedliche narzißtische »Seins-Weisen«.

Die erfolgreichen Narzißten

Erfolgreiche Narzißten sind die, die es zu etwas gebracht haben: Sie haben Titel und/oder Geld angehäuft, können Erfolge vorweisen und besitzen Statussymbole. Sie haben viel getan, um ihr negatives Selbstschema zu kompensieren (aus ihrer Sicht ist es natürlich nicht genug und wird es niemals genug sein).

Auch bei den erfolgreichen Narzißten lassen sich verschiedene Typen voneinander unterscheiden, d. h., es gibt unterschiedliche Stile, je nachdem, worauf die betreffende Person besonderen Wert legt. Sie haben die Wahl: Suchen Sie sich den Stil aus, der am besten zu Ihnen paßt!

Der Manager

Der »Manager« unter den Narzißten ist besonders *leistungs-* und *karriereorientiert*: Er will »etwas werden«, strebt eine besondere Position an. Dafür ist er bereit, außerordentlich viel zu leisten: Er verzichtet auf Freizeit und Urlaub, arbeitet 70 Stunden die Woche und verlangt sich das Letzte ab. Er ist auch eine ganze Zeit lang bereit, sich anderen zu unterwerfen, weil er weiß, daß das zum Spiel dazugehört. So erduldet er z. B. als Assistenzarzt die Launen seines Chefs; er befolgt Anweisungen, weil er weiß, daß nur dieser Weg zum Erfolg führt. Hätte er aber sein Ziel nicht vor Augen, irgendwann selbst Chefarzt zu werden, würde er bereits nach kurzer Zeit alles hinschmeißen. Er tut praktisch alles für die Karriere; alle anderen Interessen sind diesem Ziel untergeordnet.

Dieser Typ von Narzißt erlebt seine Arbeit keineswegs nur als entfremdet; manches an seiner Arbeit macht ihm auch Spaß: Er liebt es, Dinge zu organisieren, denkt gern nach, löst gerne Probleme und nimmt Herausforderungen an. Wenn Sie zu diesem Typus gehören, ist Ihr Ziel weniger der Gewinn von Macht als solcher; vielmehr geht es Ihnen darum,

- ➔ eine unabhängige, souveräne Position zu haben, wo Ihnen niemand reinreden kann;
- ➔ einem anspruchsvollen, intellektuell herausfordernden Beruf nachzugehen;
- ➔ etwas Besonderes zu tun und zu leisten;
- ➔ Bewunderung und Anerkennung zu bekommen.

In welchem Beruf man dieses Ziel erreicht, ist zweitrangig. Es bieten sich an:

- ➔ Manager in einem Betrieb
- ➔ Chefarzt
- ➔ Professor
- ➔ Senior-Partner einer Kanzlei.

Es gibt Statistiken, die besagen, es gäbe nicht viele Personen mit einem narzißtischen Persönlichkeitsstil. Das liegt aber nur daran, daß diese statistischen Erhebungen nicht an Universitäten, Kliniken oder in den Führungsetagen von Betrieben durchgeführt werden. Wer es in diesen Institutionen oder Organisationen zu etwas bringen will, muß sehr viel auf sich nehmen: an Arbeit, an Bevormundung, an Ausbeutung, an Demütigung:

Ohne einen narzißtischen Stil ließe sich das alles gar nicht überstehen!

Das Ziel muß extrem wichtig sein, sonst gibt man vorher auf. Weist man aber einen narzißtischen Stil auf, kann man (die entsprechende Kompetenz vorausgesetzt) extrem erfolgreich werden.

Der Machtmensch

Manchmal kommt es aber doch vor, daß sich der narzißtische Persönlichkeitsstil mit einem starken Machtmotiv verbindet: dem Wunsch, andere zu beherrschen. Dann geht es nicht nur darum, Regeln für sich selbst zu bestimmen; man will Regeln bestimmen, denen andere sich unterwerfen müssen. *Noch wichtiger als Status und Bewunderung ist in diesem Fall der Gewinn von Macht.* Personen mit einem starken Machtmotiv streben daher Positionen an, auf denen sie Einfluß ausüben können: Bankdirektor, Politiker, Polizeichef, Verwaltungsdirektor und ähnliche Posten und Berufe. Dabei geht es vor allem darum,

- ➔ Anweisungen geben zu dürfen;
- ➔ ein hohes Maß an Kontrolle auszuüben;
- ➔ respektiert oder gar gefürchtet zu werden;
- ➔ Unterwürfigkeit zu erzeugen;
- ➔ andere für sich einzuspannen.

Jeder Macht-Narzißt ist ein kleiner König in seinem Reich: Alle anderen sind seine Untertanen, sie stellen ihn nicht in Frage (um Gottes willen!), halten ihn für die höchste Autorität und stehen ganz zu seiner Verfügung. Macht-Narzißten haben ein *extrem ausgeprägtes*

Territorialverhalten: Sie betrachten große Teile ihrer Umgebung als ihr Territorium, in dem sie uneingeschränkt herrschen. Dies gilt für ihren Arbeitsbereich genauso wie für ihre Familie. Sie sind oft extrem gekränkt, wenn andere ihre Regeln nicht befolgen, und sind meist äußerst humorlos. Es ist schwer, ihnen etwas recht zu machen, denn sie geben Aufträge und erwarten, daß andere diese Aufträge genauso ausführen, wie sie es tun würden. Andere werden nicht als unabhängige Personen, sondern als Androiden betrachtet. Und wenn andere Personen sich dann anmaßen, eigene Entscheidungen zu treffen, werden Macht-Narzißten sauer.

In der Regel ist ihnen das Wohlergehen ihrer Mitarbeiter auch völlig schnurz: Mitarbeiter haben zu funktionieren und sonst gar nichts. Macht-Narzißten zeigen keinerlei Neigung zur Empathie oder Ansätze von Bindung; sie sind die natürlichen Sklaventreiber. Daher werden sie von ihren Mitarbeitern auch gefürchtet, aber oft nicht wirklich respektiert; hinter dem Rücken des Chefs werden Witze gerissen oder unter der Hand wird sabotiert.

Diese Ausprägung des narzißtischen Stils geht oft einher mit einem zwanghaften Verhalten, bei dem alles geplant, geprüft und überwacht werden muß. Insgesamt sind diese Personen im Umgang eher unausstehlich: Sie wissen gar nicht, was eine Beziehung ist, scheren sich auch nicht darum, achten keine persönlichen Grenzen, nörgeln ständig, loben wenig und versauen ganz allgemein das Klima.

Sollten Sie sich für diesen Typ von Narzißmus entscheiden, rechnen Sie damit, daß man einen großen Bogen um Sie macht. Aber das dürfte Ihnen dann auch egal sein, denn Sie werden sowieso kaum wissen, was eine Beziehung ist; infolgedessen werden Sie auch nichts vermissen.

Der Individualist

Dem Individualisten ist Macht gleichgültig. Ihm geht es geht nicht um Einfluß, sondern um Unabhängigkeit. Mit anderen Worten: Er will in Ruhe gelassen werden. Natürlich strebt auch der Individualist nach Erfolg und möchte Anerkennung und Bewunderung. Bei seiner Tätigkeit aber legt er keinen Wert darauf, andere zu kontrollieren. Umgekehrt möchte er nicht von anderen kontrolliert werden: Er will sein eigener Herr sein, Entscheidungen allein treffen, selbst bestimmen können. Also geht er Berufen nach, die sehr selbstbestimmt sind: Er ist Künstler, Schriftsteller, Arzt, Rechtsanwalt oder auch Professor.

Auch der Individualist kann extrem leistungsorientiert sein und dem Erfolg nachjagen. Allerdings gewinnt er besondere Anerkennung daraus, *dabei individualistisch zu sein:* Er tut nicht das, was alle tun, und was er tut, tut er auf seine Weise. Er folgt der Devise: »I do it my way!«

Läßt man dem Individualisten seine Freiheit, macht er gute Arbeit. Aber wehe, man bevormundet ihn oder gibt ihm Ratschläge! Dann reagiert er bockig und leistet massiven Widerstand.

Weil Individualisten die Fähigkeit fehlt, sich aus strategischen Gründen auch nur vorübergehend anzupassen, machen sie meist keine große Karriere. Sie können aber in ihrem jeweiligen Arbeitsbereich extrem gut sein.

Der Individualist genießt das Leben. Er nutzt seinen Erfolg, um es sich behaglich einzurichten: Er trinkt guten Whisky (meist Malt), ißt gut (weshalb er in der Regel übergewichtig ist, also kein drahtiger Manager-Typ), liebt gute Filme, schätzt guten Sex und weiß auch allgemein gut zu leben. Oft ist er humorvoll und einfühlsam und schätzt (im Rahmen seiner narzißtischen Möglichkeiten) Beziehungen.

Als Intellektueller ist der Individualist ein Freigeist, er ist demonstrativ unreligiös, hält Glauben für eine Form des Schwachsinns und steht auch sonst ein wenig über den Dingen. Er hat zu allem eine kritische Distanz, ist Anhänger von niemandem (außer von sich selbst), hält Schwärmerei für Unsinn und würde Extremisten am liebsten auf den Mond schießen. Aufgrund dieser Distanz zu allem wirkt er manchmal ein wenig heimatlos. Gelegentlich ist er ein Zyniker.

Der Kreative

Der Kreative ist eine Weiterentwicklung des Individualisten: Er macht seine Identität hauptsächlich an seiner Kreativität fest. Sie ist etwas Besonderes, weil sie etwas ganz Außergewöhnliches schafft, etwas, das sonst niemand fertigbringt. In dieser Kreativität kann er völlig »aufgehen«; daher ist er meist nicht im engeren Sinne leistungsorientiert. Quantität ist ihm überhaupt nicht wichtig, für ihn zählt Qualität. Und um Qualität zu erreichen, darf man sich getrost Zeit lassen. Leistung als Arbeit pro Zeiteinheit ist daher eher nebensächlich. Ein Beispiel ist der Künstler, der sehr von der Qualität seiner eigenen Arbeiten überzeugt ist: Er läßt sich nicht unter Druck setzen, hat nicht den Ehrgeiz, »viel« zu produzieren, sondern möchte »echte Kunstwerke« schaffen.

Der Exzentriker

Der Exzentriker ist ein Individualist, der seinen Individualismus auf die Spitze treibt. Seine Besonderheit besteht darin, extrem unangepaßt zu sein, extrem anders zu sein als alle anderen und möglichst viele soziale Regeln zu brechen. Er pfeift auf Moral, präsentiert sein Intimleben in der Öffentlichkeit, kleidet sich unkonventionell bis gar nicht und gibt ungewöhnliche Meinungen zum Besten. Ein solches Verhalten muß man sich allerdings auch als Narzißt erst einmal leisten können, d. h., man muß in aller Regel *erst* erfolgreich sein, um *dann* Exzentriker werden zu können.

Die erfolglosen Narzißten

Auch erfolglose Narzißten weisen ein doppeltes Selbstschema auf. Auch sie haben somit ein extrem starkes Bedürfnis, ihr negatives Selbstschema zu kompensieren. Sie tun aber faktisch nichts dazu, entweder weil sie sich nicht für fähig halten oder weil sie schlicht zu faul sind: Dadurch leisten sie nichts, haben keinen Erfolg und können sich auch keine Statussymbole leisten. Sie kompensieren auf andere Weise.

Der Träumer

Eine Form der Kompensation, die auch erfolglosen Narzißten offensteht, verläuft über Träumen: Man träumt davon, erfolgreich, angesehen und berühmt zu sein. Die Kompensation findet somit ausschließlich in der Welt der Vorstellung statt, in der man der Größte, Schönste, Reichste und Klügste ist. Diese Vorstellungen können wie eine Droge wirken: Sobald man kritisiert wird oder zu scheitern droht, flüchtet man sich in die Phantasiewelt. Die Gefahr besteht darin, daß die Motivation sinkt, sich überhaupt mit der Realität auseinanderzusetzen. Die Konsequenz daraus ist, daß man den Kontakt zur Realität verliert: Ein Klient von mir sagte einmal allen Ernstes: »In drei

Jahren werde ich in Hollywood ganz groß rauskommen.«

Sollten Sie sich als Narzißt für den Typ Träumer entscheiden, vergessen Sie den Jaguar: Sie werden sich ihn nie leisten können. Allerdings brauchen Sie sich dann auch nicht im geringsten anzustrengen. Sie können gemütlich mit einer Weinflasche auf dem Sofa liegen und sich Ihren Phantasien hingeben; nur sollten Sie nicht vergessen, einmal im Monat Ihre Sozialhilfe abzuholen.

Der Benachteiligte

Der Benachteiligte ist eine weitere Variante des erfolglosen Narzißten. Ihm liegt besonders viel daran, seine

Erfolglosigkeit zu kompensieren: Andere Menschen mögen erkennen, daß er nichts geleistet hat, sollen ihn dafür aber nicht verantwortlich machen und deshalb auch nicht abwerten können. Zu diesem Zweck benutzt er eine Reihe von Rechtfertigungsepisoden, Pardon, stichhaltigen Argumenten, z. B.:

- ➔ »Wenn ich nicht von meinen Lehrern pausenlos gemobbt worden wäre, hätte ich auch Abitur machen können.«
- ➔ »Wenn meine Eltern mich besser gefördert hätten, könnte ich heute Nobelpreisträger sein.«
- ➔ »Wenn der Mathe-Lehrer mir in der elften Klasse keine Fünf gegeben hätte, dann hätte ich studieren können.«

Die Benachteiligten spielen somit die Spiele »Opfer der Umstände«, »Opfer anderer Personen«, »immer ich« und »armes Schwein«.

Dem Zuhörer kommen bei ihren Storys die Tränen, hauptsächlich wegen der Dreistigkeit der Lügen. Das Ganze ist die Umkehrung der Mogelpackung: »Ich stelle nur eine winzige Packung dar, aber in mir ist (eigentlich) eine gigantische Tube.« Manchmal spielt der Benachteiligte auch das Spiel »Kredit auf die Zukunft«:

- »Ich werde irgendwann aufs Abendgymnasium gehen und studieren. Bitte respektiert mich dafür jetzt schon.«
- »Irgendwann werde ich mal ein Buch schreiben. Dafür gebührt mit jetzt schon Bewunderung.«

Dieses Spiel ist im Grunde mega-albern: Dem anderen soll klargemacht werden, daß man Bewunderung verdient, ohne auch nur das Geringste getan zu haben.

Der Symptomträger

Eine weitere Strategie für erfolglose Narzißten besteht darin, außergewöhnliche Symptome zu entwickeln und dadurch einen Anspruch auf besondere Anerkennung zu begründen: Man leidet entweder an besonderen körperlichen Beschwerden, z.B. an einer seltenen Auto-Immun-Erkrankung (die so selten ist, daß kein Arzt sie kennt) oder an einer (nicht wirklich nachweisbaren) schweren Herzerkrankung. Oder man leidet unter schweren psychischen Problemen (meist nicht näher definierbarer Art): Mich rief mal ein Mann an und sagte, ich müsse ihn dringend in Psychotherapie nehmen, er sei »der interessanteste Fall in ganz

Nordrhein-Westfalen«. Leider hatte ich keinen Termin mehr frei und so entging mit sicher Wesentliches.

Der Symptomträger reagiert auf Psychotherapie völlig anders als andere Narzißten: Während die meisten Narzißten, sollten sie je einem Psychotherapeuten gegenübersitzen, sagen, sie hätten gar kein Problem und im Grunde alles im Griff, verfolgen die Symptomträger die gegenteilige Strategie: Sie betonen, welch entsetzliche Probleme sie hätten und wie sehr sie darunter litten. Dies zeigt, daß man auch aus Problemen Honig saugen kann: Man ist dadurch etwas Besonderes, daß man besondere Probleme hat. Es gibt offenbar nichts, was nicht möglich wäre (und jeder ruiniert sein Leben, so gut er kann).

Der Ungeduldige

Eine weitere Variante des erfolglosen Narzißten stellt der Ungeduldige dar. Er verfügt durchaus über Fähigkeiten und könnte seine Ziele erreichen, wenn er dem »normalen«, mühsamen Weg folgen und z. B. einen Beruf von der Pike auf lernen und sich langsam nach oben arbeiten würde. Das aber ist genau nicht die Sache des Ungeduldigen: Er will den Erfolg sofort, ohne zu warten und vor allem, ohne sich anzustrengen. Bekommt er einen Job, will er als nächstes Direktor werden und verhält sich dann auch schon so, als wäre er bereits Direktor: Er

- ➔ widmet sich nicht mehr seinen Aufgaben,
- ➔ tut Dinge, die ihm noch gar nicht zustehen,
- ➔ behandelt Kollegen, als wäre er schon ihr Chef.

Damit macht er sich aber viele Feinde und er kommt auf diese Weise überhaupt nicht weiter. Mit dieser Strategie wird er mit hoher Wahrscheinlichkeit scheitern und fängt dann mit dem nächsten Job das ganze Spiel wieder von vorne an.

Der Prototyp dieser Art des erfolglosen Narzißten ist Donald Duck: Eigentlich eine Ente mit großen Fähigkeiten, scheitert er immer wieder, weil er Aufgaben, die seinem augenblicklichen Status entsprächen, als »unter seiner Würde« ansieht. Er scheitert, weil er sich nie der Mühe unterzieht, einen Job gründlich zu lernen, und weil er, sobald er einmal Postbote ist, daran denkt, in der folgenden Woche Chef des Unternehmens zu werden. Er ist von seiner eigenen Großartigkeit überzeugt, kommt aber mit dieser Strategie nie über den Status eines Tagelöhners hinaus: Eine tragische Figur.

Die Qual der Wahl

Sie haben die Qual der Wahl: Welcher Typ von Narzißmus soll es denn sein? Naheliegenderweise sollten Sie sich für den erfolglosen Typ nur entscheiden, wenn es bei Ihnen mit der Leistungsbereitschaft nicht so weit her ist. Ansonsten sind die Erfolglosen eben erfolglos und damit sind sie – wie bereits gesagt – eigentlich eher tragische Figuren. Die erfolgreichen Narzißten dagegen sind, wie wir gesehen haben, unterhaltsam, dynamisch, kreativ und einzigartig. Da wird Ihnen die Wahl doch wohl nicht zur Qual werden!

8 Ein Wort zu den Kosten

Wie Sie sicher schon bemerkt haben, kann es viel Spaß machen, ein Narzißt zu sein: Man übt Kontrolle aus, spannt andere für sich ein, erntet Erfolg und Bewunderung und steht immer im Mittelpunkt. Sie vermuten allerdings richtig, wenn Sie annehmen, daß es diesen ganzen Spaß nicht umsonst gibt: Alles hat seinen Preis, und den muß man zahlen, ob man will oder nicht. Daher will dieser Ratgeber die Kosten des narzißtischen Persönlichkeitsstils auch nicht verschweigen.

Entfremdung von sich selbst

Die meisten Narzißten, die dem Erfolg und der Anerkennung hinterherjagen, sehnen sich eigentlich nach etwas anderem: Sie wollen als Person anerkannt und geliebt werden. Ihr Problem ist nur, daß sie zutiefst davon überzeugt sind, eben dies sei nicht möglich. Sie glauben, daß sie ohne Leistung und große Anstrengungen niemals anerkannt würden. Denn nach ihrer narzißtischen Logik schätzen andere Menschen ja nicht ihre Person als solche, sondern nur ihre Leistung. Und eben weil sie so viel leisten, verstärkt sich bei Narzißten der Eindruck, nur wegen ihrer Leistungen geschätzt zu werden: Ihr Verhalten führt somit konsequent dazu, daß sie ihr eigentliches Ziel, nämlich als Person geschätzt zu werden, verfehlen.

Sie aber, lieber Leser, sehen diesen Zusammenhang natürlich aus einem anderen Blickwinkel: Für Sie liegt in der Leistung ja gerade das Erfolgsrezept! Dadurch, daß Sie nie genug Leistung bringen können,

➔ bleiben Sie permanent leistungsfähig;
➔ sind Sie nie mit dem Erreichten zufrieden, streben immer weiter nach neuen Zielen und treiben Ihre Karriere voran;
➔ nehmen Sie für Erfolge einiges in Kauf: Entbehrungen, Erniedrigungen, abhängige Stellungen, dämliche Chefs und anderes: All das stehen Sie durch, um Erfolg zu haben; ohne diese permanente Antriebsfeder hätten Sie längst die Flinte ins Korn geworfen (oder dem Chef einen dicken Haufen vor die Tür geschissen).

Sie lassen sich also nicht dadurch entmutigen, daß Sie praktisch ständig unzufrieden sind: Genau das treibt Sie ja an, genau das macht Sie ja so eminent erfolgreich! Sie wollen doch wohl nicht zufrieden auf einer unwichtigen Stelle sitzen oder Ihr Leben als glücklicher Versager beschließen! Zum Teufel mit der Mittelmäßigkeit! Zum Teufel mit der Zufriedenheit, die zur Mittelmäßigkeit führt!

Gesundheit

Ein anderer Kostenfaktor ist häufig die Gesundheit: Insbesondere ihr ausgeprägtes Kontrollbedürfnis macht Narzißten anfällig dafür, sich darüber aufzuregen, wenn andere Leute ihre Regeln verletzen. Dann werden sie wütend, schimpfen, schreien herum, kurz: Sie reagieren ausgesprochen feindselig. Offene Feindseligkeit ist jedoch ein ausgewachsener Risikofaktor für die Entwicklung einer koronaren Herzerkrankung, sprich: für einen Herzinfarkt. Kommen andere Risikofaktoren hinzu wie Rauchen, fettes Essen und wenig Bewegung, steigt das Risiko exponentiell an. Ein Herzinfarkt ist eine unangenehme Sache (es sei denn, man stirbt daran): Er beeinträchtigt in der Regel die Leistungsfähigkeit und behindert damit die Jagd nach Ruhm und Erfolg enorm.

Das sollte Sie nun freilich nicht beunruhigen! Es besteht eine relativ hohe Wahrscheinlichkeit, daß Sie einen Herzinfarkt nicht überleben – insbesondere dann, wenn Sie Warnzeichen wie Schmerzen in der Brust, Schmerzen im linken Arm, kalten Schweiß und andere Symptome konsequent ignorieren und auch trotz eines permanent zu hohen Blutdrucks nichts unternehmen. Und wenn Sie den Infarkt nicht überleben, müssen Sie sich natürlich über negative Konsequenzen keinerlei Gedanken mehr machen!

Noch ein kleiner Hinweis: Infarkte bei hochgestreßten Personen treten besonders häufig in Ruhephasen ein: an Wochenenden, im Urlaub und bei ähnlichen Gelegenheiten. Geben Sie daher dem Infarkt erst gar keine Chance und verzichten Sie auf Urlaub! Schlagen Sie Ihrem Körper ein Schnippchen, geben Sie ihm keine Gelegenheit, aus dem Ruder zu laufen.

Sollten Sie jedoch das Pech haben, einen Infarkt zu überleben, könnten Sie in die Hände eines Psychologen geraten, etwa in einer Reha-Klinik. Lassen Sie sich von ihm auf keinen Fall dazu überreden, Ihre Ziele herabzusetzen, sich nicht mehr so sehr zu stressen oder gar Ihre Karriere aufzugeben. Bestehen Sie vielmehr darauf, daß der Psychologe Sie wieder fit macht, damit

Sie genau dort weitermachen können, wo der Herzinfarkt Sie von den Beinen geholt hat: Das soll er tun und ansonsten soll er Sie mit seinem Psycho-Gesülze in Ruhe lassen! Denn wenn Sie weitermachen wie zuvor, bietet sich Ihnen eine Chance, die sonst kaum einem Sterblichen vergönnt ist: Sie können sich noch zu Lebzeiten eine hübsche Kiste für die Ewigkeit aussuchen und ein ruhiges Fleckchen auf dem Friedhof. Das hat doch was: der krönende Abschluß eines erfolgreichen Lebens!

Beziehungen

Manchmal kann es tatsächlich passieren, daß Partner es leid sind, dem Narzißten den Hintern nachzutragen. Das ist bedauerlich, aber leider nicht zu ändern. Kann der Partner auch durch subtilste Manipulation nicht mehr auf Kurs gebracht werden, gibt es nur noch eine Chance: Ein neuer Partner muß her! Denn ein Partner, der einem den Rücken nicht mehr freihält, ist eine ganz und gar überflüssige Belastung: Die Beziehung hat praktisch jeden Wert verloren! Trennen Sie sich also von diesem Partner: Als echter Narzißt wird Ihnen das auch nicht so schwerfallen, da Sie sich ohnehin nur unter Vorbehalt auf die Beziehung eingelassen haben.

Am besten ist es, wenn Sie frühzeitig erkennen, daß der Partner nicht mehr richtig spurt: Dann sollten Sie mit der Suche nach einem neuen Partner beginnen. Ansonsten kann es Ihnen passieren, eine Zeit lang ohne Unterstützer leben zu müssen: eine schreckliche Vorstellung! Beugen Sie dem unbedingt vor! Suchen Sie sich rechtzeitig eine neue Geliebte oder einen neuen Geliebten. Und testen Sie den potentiellen neuen Partner sorgfältig! Achten Sie darauf, wie er mit Ihren Wünschen und Bedürfnissen umgeht. Liest er Ihnen praktisch jeden Wunsch von den Augen ab, kommt er als Nachfolger des bisherigen Partners in Frage. Verhält er sich jedoch renitent, weigert er sich, Ihnen alle Ihre Wünsche zu erfüllen, dann behalten Sie ihn besser in der Liebhaberrolle und starten die Suche neu.

9 Resümee

Nach dem Gesagten dürfte es Ihnen eigentlich nicht mehr schwerfallen, einen narzißtischen Persönlichkeitsstil zu entwickeln. Und es dürfte Sie auch nichts mehr daran hindern, das Leben als Narzißt zu genießen. Vielleicht ist Ihnen aber auch das Eine oder Andere klar geworden und Sie verspüren das Bedürfnis, etwas weniger narzißtisch zu sein als bisher. Dann sollte Ihnen der Ratgeber auch darin helfen können. Wozu auch immer: Ich wünsche Ihnen viel Erfolg! Möge die Macht mit Ihnen sein!

EGO

Rainer Sachse,
Prof. Dr., Dipl.-Psych., ist Verhaltens- und
Gesprächspsychotherapeut und lehrt Klinische
Psychologie an der Ruhr-Universität Bochum.

Klett-Cotta
www.klett-cotta.de

Printed in Germany
Schutzumschlag: Finken + Bumiller, Stuttgart
Zeichnungen: bergerdesign, Solingen
Gesetzt aus der Stone Sans von Kösel, Krugzell
Auf säure- und holzfreiem Werkdruckpapier gedruckt
und gebunden von Kösel, Krugzell
ISBN 978-3-608-94098-5

Vierte Auflage, 2008

Bibliographische Information der Deutschen Nationalbibliothek
Die Deutsche Nationalbibliothek verzeichnet diese Publikation in
der Deutschen Nationalbibliographie;
detaillierte bibliographische Daten sind im Internet über
<http://dnb.d-nb.de> abrufbar.

Rainer Sachse:

Schwarz ärgern – aber richtig

Paradoxe Ratschläge für Psychosomatiker

140 Seiten, Illustrationen, Deckenbroschur,
ISBN 978-3-608-95999-4

Eine hintergründige Anleitung zum Glücklichsein: Ein kleines Magengeschwür, lästige Neurodermitis, Erschöpfungszustände durch übermäßigen Stress oder das obligate Burnout-Syndrom gehören heute zur Ausstattung eines erfolgreichen Menschen, eines gesellschaftlich anerkannten Lebens. Ein kluger, satirischer Ratgeber, der selbstverständlich auch mit umgekehrten Vorzeichen gelesen werden darf.

Rainer und Claudia Sachse:

Wie ruiniere ich meine Beziehung – aber endgültig

191 Seiten, Deckenbroschur, Illustr., ISBN 978-3-608-94405-1

Falls sie in einer festen Beziehung leben, dann sollten sie dringend darüber nachdenken, wie sie diesen undynamischen Zustand abstellen können. Und sollte ihre Beziehung bereits kriseln, dann benötigen sie dringend Strategien, wie sie aus der Krise ein handfestes Desaster machen können. Sie brauchen dieses Buch also auf alle Fälle, denn es sagt ihnen, wie sie mit einfachen Mitteln ihre Beziehung innerhalb kürzester Zeit ruinieren können.

Zur Not lässt sich das Buch auch anders lesen: als Anregung dazu, bestimmte, häufig vorkommende und gravierende Fehler zu vermeiden, um somit eine Beziehungskrise zu verhindern oder sogar zu beenden.

Klett-Cotta